Nicolas Hoffmann
Zwangshandlungen

Nicolas Hoffmann

Zwangshandlungen

erkennen, verstehen und überwinden

Hilfe für Betroffene und Angehörige

Kreuz

Für Oldi

Inhalt

Vorwort

Vor einiger Zeit habe ich ein Selbsthilfebuch für Zwangskranke geschrieben und daraufhin viele Briefe von Betroffenen erhalten. Sie ergeben ein düsteres Bild. Zwangsstörungen sind nach wie vor sehr wenig bekannt. Professionelle Helfer stellen oft die abwegigsten Diagnosen dort, wo es sich eindeutig um eine Zwangserkrankung handelt. Oft wird den Kranken eröffnet, es gäbe keine gezielte Hilfe für sie und sie müssten mit ihrer Störung leben. Dem ist nicht so.

Laien erscheint gerade diese Krankheit mit ihren oft seltsamen Symptomen völlig unverständlich. Kranke werden dann als Simulanten, als Spinner oder als Schwächlinge abgetan. Das sind sie nicht. Sie bräuchten sich ihrer Krankheit nicht zu schämen, sondern haben Anrecht auf Verständnis, Unterstützung und wirkungsvolle Hilfe.

Ein hoher Bekanntheitsgrad, wie ihn inzwischen andere seelische Erkrankungen beispielsweise Phobien erreicht haben, erleichtert das Schicksal der Betroffenen sehr. Die Störung wird besser verstanden und wird ernst genommen. Viele wissen inzwischen, dass es Heilungsmöglichkeiten für sie gibt, und trauen sich diese als Bestandteil der normalen Krankenversorgung in Anspruch zu nehmen. Ich möchte noch einmal dazu beitragen, die Lage von Zwangskranken in dieser Richtung zu verbessern.

In eigener Sache: Vieles von dem, was ich geschrieben habe, mag Lesern, die mit Zwängen wenig oder gar nicht vertraut sind, als übertrieben, ja als Karikatur erscheinen. Das ist ein Irrtum. Die einzelnen Symptome sind so, wie ich sie beschrieben habe. Es ist kein bisschen Übertreibung dabei, alles ist echt.

Das alles trocken und nüchtern, sozusagen wissenschaftlich darzustellen, würde einen unerträglichen Text ergeben. Ich habe deshalb versucht, meine Schilderungen aufzulockern und etwas abwechslungsreich zu gestalten, aber ohne von einer exakten Beschreibung abzuweichen. An der einen oder anderen Stelle mag etwas Ironie in meiner Betrachtungsweise mitschwingen. Ich stehe dazu. Das ist einer meiner Mechanismen, um mich gegenüber Belastungen abzuschirmen. Aber auch dann gilt diese Ironie der Krankheit mit ihren oft bizarren Kapriolen und nicht den Menschen, die dadurch zu leiden haben, oft wie kaum andere. Man ziehe daraus auch keine falschen Schlüsse über die Art, mit der ich viele Stunden am Tag mit Zwangskranken umzugehen pflege.

Ich habe die erste Auflage dieses Buches ergänzt durch einen Teil über Selbsthilfe. Auf die Art hoffe ich Betroffenen und denen, die ihnen nahe stehen, eine zusätzliche kleine Hilfe geben zu können.

Nicolas Hoffmann
Berlin, im Januar 1999

Die zwanghafte Persönlichkeit

Stürmt den Himmel ein versteinertes Haupt
Georg Trakl

Prolog am Himmel

Im September 1953 starb Edwin Hubble, der Mann, der in wenigen Jahre in knappen, wie schnippisch vorgetragenen Mitteilungen die gesamte Sichtweise der Welt auf den Kopf gestellt hatte. Seit jeher hatten Astronomen angenommen, dass die Sternenwolke, die wir als Milchstraße bezeichnen, das gesamte Universum bilde. Lediglich über die Natur kleinerer Lichtflecken zwischen den Sternen, der so genannten Nebel, war man sich nicht einig. Nachdem auf einigen Bergen im Südosten Amerikas große Spiegelteleskope aufgestellt worden waren, folgte eine sensationelle Entdeckung der anderen. Mit dem Teleskop auf dem Mount Wilson bei Pasadena war es Hubble gelungen, die Entfernung zu einigen Nebelflecken zu messen.

Sie waren hunderttausende Lichtjahre entfernt und erwiesen sich als riesige Ansammlungen von Milliarden von Sternen, wie die Milchstraße. Und in der Tiefe des Raumes verbargen sich Milliarden solcher Sternensysteme.

Eine zweite Entdeckung Hubbels war noch überraschender. Diese Welten schienen sich voneinander weg zu bewegen, so als sei das ganze Universum mit einer unvorstellbaren Geschwindigkeit auf der Flucht. Aber warum und wieso?

Ausgehend von diesen beiden Entdeckungen legte Hubble ein Beobachtungsprogramm fest, das in seiner Komplexität und Aufwendigkeit alles übertraf, was bisher in den Naturwissenschaften unternommen worden war. Es sollte endgültig Klarheit schaffen über die Form, die Ausdehnung, das Alter und das zukünftige Schicksal des Universums.

Drei Jahre vor seinem Tod bestellte Hubble einen jungen Wissenschaftler seines Teams, Allan Sandage, zu sich und unterzog ihn stundenlang einer Reihe von merkwürdigen Tests.

So musste er auf fotografischen Platten bestimmte Sterntypen herausfinden, Entfernungen abschätzen und dergleichen mehr. Obwohl Hubble, wie es seiner Natur entsprach, sich danach jeglichen Kommentars enthalten hatte, wurde Sandage kurz danach zum absoluten Heiligtum, dem Fünf-Meter-Teleskop auf dem Mount Palomar, zugelassen und mit wichtigen Aufgaben im Forschungsprogramm betreut.

Bei Hubbles plötzlichem Tod fühlte sich Sandage, als habe er einen Vater verloren. Doch mit der Trauer vermischte sich ein ungeheures Gefühl der Verantwortung. »Hubble starb zu früh«, sagte er in diesen Tagen zu einem Kollegen, »und bürdete mir eine schwere Last auf, eine ungeheure Last, nämlich das Forschungsprogramm fortzuführen. Es ist alles geplant, und nach Hubbles Tod bin nur ich übrig.«

Nachdem er sich dazu entschlossen hatte, endgültig Hubbles Nachfolge anzutreten, bekannte er sich fortan öffentlich dazu, dass er nun herausfinden musste, in was für einem Universum wir leben.

Seit vierzig Jahren bedient Sandage das Fünf-Meter-Teleskop. Tag und Nacht werde er, wie er sagt, von den »Hunden des Himmels« verfolgt. Er liebt die Einsamkeit im »Beobachtungskäfig«. Seine Aufgabe ist einfach:

Er muss den Galaxien immer tiefer in den Raum folgen, ihre Helligkeit und eine andere Reihe von Größen messen und die Werte in ein Diagramm eintragen. In den Nächten, in denen er das Teleskop zur Verfügung hat, fotografiert er den Himmel. Den Rest der Zeit, Tag für Tag, Monat für Monat, Jahr für Jahr, wertet er die Platten aus. »Mein Leben besteht darin, mir schwache Flecken auf einer Plastikplatte anzusehen«, meint er zu einem Besucher. Der fragt: »Wie schaffen Sie denn das?« »Das Geheimnis des Friedens liegt darin, dass man die Welt hergibt«, erklärt ihm Sandage. Doch dann funkeln seine Augen, und er schaut ihn scharf an: »Ich weiß nicht, warum ich jetzt mit Ihnen spreche. Leute wie Sie sind oberflächlich im Vergleich zu dem, was ich versuche.« Dem Besucher läuft es kalt den Rücken runter.

Ein anderer fragte ihn, wer der beste Astronom der Welt sei. Sandage antwortete: »Nun, der junge Gunn ist ziemlich gut. Wenn er so weiter macht, wird er die Nummer zwei.«

Beschreibung eines Kollegen: »Seine Augen sehen aus wie zwei Feuersteine, wenn er über Wissenschaft redet, sie blinzeln, wenn er von den Sternen erzählt, und glühen in einer Art baptistischen Eifer, wenn er auf seine Kritiker zu sprechen kommt.«

Jahrelang hatten ihn Angriffe auf seine Arbeit verbittert und in eine zunehmende Isolation geführt. Er hat sich eingeigelt und äußert sich praktisch nur mehr in wissenschaftlichen Publikationen. Gegenüber einem seiner Widersacher sagte er einmal: »Sie verlangen von uns, dass wir unser eigenes Forschungsprogramm kritisieren, und das können wir nicht tun. Wir können einfach nicht erkennen, wo wir einen Fehler gemacht haben. Wir glauben aber zu wissen, wo die anderen Forschungsgruppen sich geirrt haben.«

»Astronomie ist eine unmögliche Wissenschaft«, meint Sandage einmal und lacht sogar dabei. Doch dann wird er von einer Sekunde zur anderen todernst und fügt hinzu:

»Wir werden Fortschritte machen, wenn mehr ernsthafte und verantwortungsvolle Menschen sich an ein Teleskop setzen.«

Manchmal kommt er für kurze Zeit aus seiner selbstgewählten Isolation heraus. So ging er einmal mit einem Kollegen in ein Restaurant nahe dem Oberservatorium zum Essen. Er zeigte ihm, wie man Galaxien in einer Kaffeetasse erzeugt: Man rührt den Kaffee um und gießt genau in die Mitte einen Klecks Sahne. Weil die Sahne nicht fett genug war, bekam die Galaxie Risse. Trotzdem rief Sandage kurz darauf die Katalognummer der Sternenansammlung aus, die dem Gebilde in der Kaffeetasse am ähnlichsten ist.

Ich habe diese kurze Charakterisierung Sandages einer Anzahl von Personen vorgelegt mit der Bitte, schnell und ohne viel nachzudenken, die ersten Eigenschaften niederzuschreiben, die ihnen dazu einfallen. Die Bilanz ist zuerst durchaus positiv. Die häufigsten Begriffe sind: Ausdauer, Fleiß, Ernsthaftigkeit, Genauigkeit, Leistungsfähigkeit, Verantwortlichkeit, Beharrlichkeit, Geradlinigkeit, Selbständigkeit, moralisch hochwertig, seiner Sache ergeben und so weiter. Zaghaft vorgebracht, tauchen meist zum Schluss ihrer Aufstellung bei den Befragten dieses Versuchs auch einmal kritischere Bewertungen auf wie: eigensinnig, von sich eingenommen, einseitig, perfektionistisch, fanatisch, intolerant, einsam, unkreativ oder gar unmenschlich.

Niemand kann ernsthaft abstreiten, dass Menschen wie Allan Sandage das darstellen, was wir starke Persönlichkeiten nennen: Sie verfolgen einen bestimmten Weg mit großer Tatkraft und Ausdauer, ohne sich dabei durch Schwierigkeiten, gelegentliche Misserfolge oder Kritik entmutigen zu lassen. Dadurch verdienen sie erstmal mit vollem Recht unsere positive Wertschätzung. Aber wenn wir genauer hinsehen, fragen wir uns: Ist es nicht des Guten zu viel? Kommen hier nicht andere, auch wichtige Seiten des Lebens zu kurz? Entwickelt sich dieser Mensch nicht letztlich in eine falsche Richtung?

Will man diese Richtung benennen, so lautet der Audruck dafür: zwanghafte Persönlichkeit. Ihre Ausprägung bei Allan Sandage ist noch nicht allzu stark, verglichen mit dem, was ich später beschreiben werde.

Doch bevor wir uns näher damit befassen, einige Bemerkungen zum Begriff der Persönlichkeit.

Was versteht man unter Persönlichkeit?

Wir leben in einer Welt, in der jedes Objekt, jedes Lebewesen und erst recht jede Person einzigartig ist. Kein Blatt ist genau identisch mit einem anderen, keine Situation wiederholt sich bis ins kleinste Detail und keine zwei Menschen verhalten sich genau gleich, auch wenn sie mit ganz ähnlichen Lebensbedingungen konfrontiert werden. Aber dennoch gibt es genügend Ähnlichkeiten zwischen verschiedenen Menschen und ihren Schicksalen, damit wir uns fragen können, was ihre Gemeinsamkeit ausmacht. Dieser Aufgabe hat sich die Psychologie gewidmet. Sie versucht, sich wiederholende Muster menschlichen Verhaltens zu verstehen und die zentralen Gesetzmäßigkeiten aufzudecken, denen sie gehorchen. So untersucht sie die Art und Weise, wie Menschen die sie umgebende materielle und soziale Wirklichkeit wahrnehmen und welche inneren Bilder in Form von Erinnerungen sie sich davon machen. Andere wichtige Themen sind die Triebfedern oder Motive, die unser Verhalten bestimmen, und die Art und Weise, wie wir lernen, das heißt von Erfahrungen profitieren, um uns immer besser an die Realität anzupassen. Schließlich beleuchtet sie unsere

Handlungsstrategien, das heißt die Pläne, die wir entwerfen, um unsere Lebensziele zu erreichen, sowie die ethischen Richtlinien, die wir uns dabei auferlegen.

Ein spezieller Teil der Psychologie, die Persönlichkeitsforschung, befasst sich mit dem Individuum als Ganzem. Sie versucht, die komplexen Beziehungen zwischen den verschiedenen Anteilen der Person zu verstehen, vor allem zwischen ihren Wünschen, Bedürfnissen und den ganz eigenen Wegen, die zu ihrer Realisierung eingeschlagen werden.

Zentrales Thema sind also die seelischen Grundlagen der Person, das, was wir die Persönlichkeit nennen. Sie repräsentiert die Eigenschaften eines Menschen, die für seine beständigen Verhaltensmuster verantwortlich sind. Wir können nur dann überleben, wenn wir uns auf eine gewisse Kontinuität im Verhalten anderer verlassen können. Müsste ich mich jeden Tag von neuem auf völlig andere Reaktionen eines Menschen mir gegenüber einstellen, so wäre jedes Zusammenleben unmöglich. Dadurch, dass ich einen anderen in vielen Situationen erlebt habe, habe ich seine Persönlichkeit kennen gelernt und kann für die Zukunft sein Verhalten bis zu einem gewissen Grad vorhersagen. Zwar lebt der Mensch nicht in einem Vakuum und ist ständig neuen Einflüssen seiner Umwelt ausgesetzt, aber die Art und Weise, wie er sie begreift und mit ihr umgeht, weist bei jedem eine mehr oder weniger große Konstanz auf, die wir als den Ausdruck seiner Persönlichkeit ansehen. Wenn ein Mensch uns als unberechenbar erscheint, wenn er also schwer vorhersehbar in seinem Verhalten ist, lässt er sich von der jeweiligen Situation beherrschen. Wir werden ihm vorwerfen, er sei eine schwache Persönlichkeit. Erscheint uns sein Tun völlig außerhalb jeder Regelmäßigkeit, so befürchten wir, seine Persönlichkeit sei etwa durch einen organischen oder psychischen Krankheitsprozess in Auflösung begriffen oder gar schon weit gehend zerstört.

Auch in der Persönlichkeitspsychologie lassen sich Strukturen finden, die vieles gemeinsam haben. Das erlaubt uns, verschiedene Persönlichkeitstypen zu unterscheiden. Jeder von ihnen umfasst Menschen, die sich in ihrer Art, die Welt zu erfahren, ähneln, deren Ziele bis zu einem gewissen Grad übereinstimmen und deren Strategien zur Lebensbewältigung viele gemeinsame Elemente aufweisen.

Einer dieser grundlegenden Typen, die zwanghafte Persönlichkeit, wollen wir untersuchen, zuerst in Bezug auf ihre zugrundeliegende Struktur, dann bis hin zu ihrer extremsten Ausprägung.

Struktur der zwanghaften Persönlichkeit

Die zwanghafte Persönlichkeit ist folgendermaßen aufgebaut:

Die Basis bildet eine durchweg pessimistische Grundhaltung dem Leben gegenüber. Die daraus resultierende tief gehende Verunsicherung versucht der zwanghafte Mensch dadurch zu kompensieren, dass er sich ständig bemüht, hochgesetzten Normen und Idealen zu genügen. Sein ganzes Leben steht unter dem Zeichen dieser permanenten Anstrengung. Sein Unterfangen erscheint ihm nur dann einigermaßen Erfolg versprechend, wenn er ein möglichst großes Maß an Kontrolle, nach außen wie nach innen, auszuüben glaubt. Doch in Wirklichkeit kann er immer nur partiell Kontrolle erlangen. Daraus muss er einen ständigen Grund zur Sorge ableiten.

Sehen wir uns die einzelnen Bestandteile dieser Lebensphilosophie näher an.

Optimismus ist die feste Überzeugung, oder in gewissen Fällen das unbestimmte Gefühl, dass die Dinge sich einrichten müssen.

Der Pessimist hingegen sieht diese Haltung als eine Art tief greifende Weigerung an, den wahren Zustand der Welt auch nur zur Kenntnis zu nehmen, geschweige denn als endgültig anzusehen. So geißelt Schopenhauer denn auch den Optimismus »... nicht bloß als eine absurde, sondern auch als eine wahrhaft ruchlose Denkungsart ..., als einen bitteren Hohn gegenüber den namenlosen Leiden der Menschheit ...« Der Pessimist nimmt für sich in Anspruch, stark und weitsichtig genug zu sein, um der Wahrheit ins Gesicht zu sehen: Die Dinge richten sich eben in den seltensten Fällen ein. Niederlagen, Leid und Tod um uns herum sind allgegenwärtig. Nicht einmal der eigenen Natur ist über den Weg zu trauen. Selbstsucht und Bösartigkeit prägen den Umgang der Menschen untereinander, wenn man sie sich selbst überlässt. Der extreme Schluss des Pessimisten mag lauten, dass es alles in allem unser Schicksal sein wird, einmal zusammen mit dem Planeten zu vermodern, auf dem unsere kurze entbehrliche Laufbahn einst begann.

Eine pessimistische Grundhaltung führt immer zu gravierenden Konsequenzen für die eigene Lebensauffassung. Es können recht unterschiedliche Positionen entstehen. Eine davon ist die des Zwanghaften. Sie wird später ausführlich beschrieben. Doch daneben gibt es andere Wege als den seinen. Die wichtigsten will ich vorab kurz skizzieren.

Am Anfang steht für jeden die Frage: Warum ist die Welt so und nicht anders?

Für Schopenhauer ist alles Leben das sinnlose Ergebnis eines blinden Willens, eines Dranges, der ein ständiges Gebären inszeniert, bis hin zu dem des menschlichen Individuums, das dann ohne Plan und Ziel sich eine Zeit lang mit anderen Individuen zerfleischt, bis es »wie durch einen langen Traum« wieder in die alte Bewusstlosigkeit zurückfällt. »Die Welt, ein Tummelplatz gequälter und geängstigter Wesen, welche nur dadurch bestehen, dass eines das andere verzehrt, wo daher jedes reißende Tier das lebendige Grab tausend anderer (ist) . . .« Schopenhauer fordert als Konsequenz eine tief empfundene Ethik des Mitgefühls, bei der die Grenzen zwischen den einzelnen Individuen, die eigentlich durch einen schroffen Egoismus geschaffen werden, ausgeglichen, gemildert und erträglich gemacht werden. Die Vorstellung des Leidens anderer aus dem eigenen Erleben heraus soll sie zum Mit-Leiden führen und dadurch das Getrenntsein alles Existierenden bis zu einem gewissen Grad aufheben. Ähnlich hat Buddha in der ersten Darlegung seiner Lehre im Gazellenhain von Isipathana bei Benares das Erlebnis des Leidens zum universellen Prinzip erklärt, das allen empfindenden Wesen gemeinsam ist, und das Mitgefühl mit der leidenden Kreatur zur höchsten Tugend erhoben.

In der Existenzphilosophie, besonders bei Camus, wird diese Haltung den anderen gegenüber ebenso in den Mittelpunkt gestellt. Die Einsicht in das Fehlen jeden tiefen Grundes menschlicher Existenz, in die Sinnlosigkeit unserer täglichen Gewohnheiten und in die Nutzlosigkeit des Leidens bringt die Menschen in eine unerwartete Nähe zueinander. Camus schreibt: »Die, die ihre Ruhe weder in Gott noch in der Geschichte finden, verurteilen sich dazu, für die zu leben, die, wie sie selbst, nicht zu leben in der Lage sind: für die Gedemütigten.«

Doch Camus geht in seiner Analyse der menschlichen Existenz noch weiter: Der Mensch wird gerade durch die Absurdität der Welt, in der er lebt, fähig, seine wahren Rechte zu erkennen. Er hat das Recht, sich mit der eigenen Dunkelheit zu konfrontieren, die eigene Hölle zu wählen, und erhält dadurch eine königliche Macht. Darin besteht auch, so meint Camus, die ganz verschwiegene Freude des Sisyphos. Die Götter hatten ihn dazu verurteilt, unablässig einen Felsbrocken einen Berg hinaufzurollen, von dessen Gipfel der Stein von selbst immer wieder hinunterrollt. Sie hatten ihn bestrafen wollen und dachten, dass es keine fürchterlichere Strafe gäbe, als eine unnötige und aussichtslose Arbeit. Doch Sisyphos machte ihnen einen Strich durch die Rechnung. Er hat das Schicksal, das die Götter ihm auferlegen wollten, zu dem seinen gemacht. »Der absurde Mensch sagt ja, und seine Mühsal hat kein Ende.« Doch gleichzeitig schärft uns Camus ein, wir hätten uns Sisyphos als einen freien und deshalb glücklichen Menschen vorzustellen.

Im schroffen Gegensatz zu dieser Haltung steht die Verarbeitung des Pessimismus, die Horstmann als »anthropofugale Perspektive« bezeichnet hat. Hier geht der Mensch auf Distanz zu sich selbst und zu anderen, steigt aus dem Sympathiegebot zur eigenen Gattung aus und ist geradezu darauf versessen, alle Bindungen zu kappen.

Cioran, der diese Position am extremsten vertritt, zieht eine ähnliche Bilanz über den Wert des Lebens wie Schopenhauer, hat aber einen anderen Schuldigen ausgemacht: den bösen Gott. »Die kriminelle Aufforderung der Genesis, ›wachset und vermehrt euch‹, konnte nicht aus dem Mund des guten Gottes kommen. ›Seid selten‹ hätte er vermutlich empfohlen, wenn er mitzureden gehabt hätte.«

Gegen den wahren Schöpfer aber, einen niederen und viel beschäftigten Gott, den Veranlasser der Ereignisse, und gegen die ganze Menschheit lässt er seine Galle rinnen: »Wie sehr ist mir, Herr, die Schändlichkeit deines Werkes verhasst und dies klebrige Gewürm, das dich beweihräuchert und dir so ähnlich sieht. Indem ich dich hasse, gehe ich dem Zuckerwerk deines Reiches, dem Gefasel deiner Hampelmänner aus dem Weg.« Cioran bleibt dem Grundsatz treu, niemandes Komplize zu sein, vor allem nicht der seiner selbst, und fasst das, was auf dieser Welt bewirkt werden kann, mit den Worten zusammen: »Ob wir nun die Arme kreuzen oder das Schwert ziehen, auf diesem Schlachthof ist beides gleichermaßen vergeblich.«

Eine solche tief greifende Überzeugung von der Ineffektivität jeglichen Tuns kann, wenn es dringend geboten wäre, in das eigene Leben aktiv einzugreifen, zu dem seelischen Kataklysmus führen, den wir Depression nennen.

Angesichts der Erlebnisse des Verlustes, des Schmerzes und der Krankheit, oder bei der Enttäuschung über unsere unerfüllten Wünsche, kommt es dann zu einem totalen inneren Kollaps. Dabei wird nicht nur die Welt als kränkend, ja feindselig angesehen, sondern das eigene Ich wird als nutzloser Knäuel aus Versagen, Angst, Schuld und Hoffnungslosigkeit erlebt. Der Depressive macht also sich selbst zum Schuldigen für das Elend seiner Welt, und damit der Welt. Er zerfleischt sich dafür mit einer Energie, die ihm bei allen anderen Unternehmungen abhanden gekommen ist, besonders bei jenen, durch die er seine eigene Lage zum Besseren wenden könnte. Er verharrt dann wie Shakepeares Richard der Dritte in unversöhnlicher Feindschaft mit sich selbst: »Ich verbünde mich mit der düsteren Verzweiflung und werde zum ärgsten Feind der eigenen Seele.«

Wie erschöpft von diesem Wüten richtet der Kranke – so müssen wir ihn nennen – einen letzten Hilfeschrei an die anderen, aber gleichzeitig ist ihm schmerzlich bewusst, dass er sie nicht mehr erreicht. Der Schweizer Schriftsteller Hermann Burger schilderte kurz vor seinem Suizid dieses Sterben bei lebendigen Leibe: »Alles lastet so schwer auf der Seele, dass sie eingeht wie eine verdurstende Pflanze. Hat denn kein Mensch auf diesem verkrüppelten Planeten ein Einsehen? Nein, niemand will diese Wüste mit mir teilen, ich bin allein Herr des knirschenden Sandes, der alle meine Gefühle und Gedanken erstickt. ... Der (...) Depressive ist der Ausgestoßene der Schöpfung, (...) für die Hinterbliebenen ist er bereits gestorben, hinter geschlossenen Jalousien hört er, wie sie über seinen Nachlass verhandeln ...« Und schließlich: »Zu Asche sollt ihr werden, denn nirgendwo steht verbrieft, der Mensch habe ein Anrecht auf ein Quäntchen Glück.«

Zuletzt verdrängt das »Gefühl der Gefühllosigkeit«, das innere Nichts, alle anderen Regungen. Alle Straßen münden in schwarze Verwesung, klagt Trakl.

Hypermoralität und Anstrengung

Der Depressive fühlt sich als Versager, damit verantwortlich für das Elend der Welt und versucht, seine Schuld durch eigenes Leid zu tilgen. Der Zwanghafte hingegen, auf demselben Hintergrund einer pessimistischen Weltanschauung, stellt sich ein Leben lang die Aufgabe, nicht schuldig zu werden. In einer Welt, in der Menschen ständig Gefahr laufen zu straucheln, wird sein Leben zu einer einzigen Prüfung, die er um den Preis einer permanenten Anstrengung zu bestehen versucht. Verkürzt kann man sagen, die zwanghafte Persönlichkeit sei in einem permanenten Kampf mit dem eigenen Gewissen begriffen.

Gewissen ist die Wahrnehmung von der Verwerflichkeit bestimmter Wunschregungen. Haben wir trotzdem von uns verurteilte Wünsche in die Tat umgesetzt, so erleben wir dies als Versagen, das von einem schmerzhaften Gefühl, dem Schuldbewusstsein, begleitet wird. Es geht einher mit einer deutlichen Verminderung des Selbstwertgefühls und mit Buße oder Wiedergutmachungsbestrebungen. Sie haben zum Ziel, das von uns angerichtete Unheil aus der Welt zu schaffen. So soll der Anschluss an die menschliche Gemeinschaft wieder gefunden werden. Das Gewissen ist also vor allem eine bestrafende Instanz.

Es wird ergänzt durch das Ich-Ideal. Damit ist die innere Vorstellung gemeint, wie man sein soll. Es enthält die von den Eltern übernommenen gesellschaftlichen Werte, Normen und Ideale und belohnt jede Haltung, die ihm entspricht, mit Zufriedenheit und Stolz.

Alle Autoren, die sich mit der zwanghaften Persönlichkeit beschäftigt haben, stellen übereinstimmend fest, dass bei ihr die Ideale besonders hoch gesteckt sind. Die Strafen, die das Gewissen bei Übertretungen über die eigene Person verhängt, sind besonders hart. Bezüglich der Ansprüche des Ich-Ideals kann man geradezu von Hypermoralität sprechen. Sie wird durch eine Erziehung vermittelt, bei der zumindest ein Elternteil eine übermäßige Kontrolle über das Verhalten des Kindes ausübt. Starke Sanktionen werden verhängt, wenn das Kind in einer Art agiert, die nicht absolut mit den Moralvorstellungen des Erziehers übereinstimmt. So wird es ihm unmöglich, eine separate Identität, das heißt auch autonome moralische Ideale, zu entwickeln. So wird der Erwachsene später sein ganzes Leben in enger Anlehnung an die übernommenen elterlichen Normen verbringen. Diese können ergänzt werden durch die Gebote von »Elternersatzpersonen« wie Vorgesetzten, religiösen oder politischen Führern. So entsteht ein überangepasster Charakter mit einem starken Hang zu Konformismus, Untertanengeist bis hin zu blindem Gehorsam gegenüber Autoritäten jeglicher Art. Das gesamte Verhalten wird von inneren Leitsätzen regiert wie: »Es gibt in jeder Situation nur eine Art sich richtig zu verhalten. Sie muss unbedingt eingehalten werden.« Oder: »Ich muss unbedingt jeden Fehler vermeiden, sonst habe ich keinerlei Anrecht mehr darauf, von mir oder von anderen geachtet zu werden.«

In der Lebenshaltung der zwanghaften Persönlichkeit bezieht sich der Pessimismus vor allem auch auf die Natur des Menschen: Im Grunde genommen neigt er dazu, schlecht zu sein. Bei seinem Menschenbild, also bei der

Beurteilung der anderen und der eigenen Person, stehen Fehler im Vordergrund: Menschen sind feige, faul, triebhaft und unbeherrscht. Alles was »von innen« kommt, aus der Tiefe der eigenen Seele, also Gefühle, Triebe und Bedürfnisse, riecht geradezu nach Schwefel. Es muss mühsam in ein äußerst enges moralisches Korsett geschnürt werden. Nur so kann aus dem Menschen ein halbwegs brauchbares Wesen werden. Das impliziert für den Zwanghaften eine permanente Anstrengung, will er vor sich selbst bestehen.

Darin liegen auch die Wurzeln seiner Einstellung zur Arbeit. Sie verkörpert den Ernst des Lebens schlechthin, ohne sie keine Daseinsberechtigung. Dabei werden Tätigkeiten bevorzugt, die eine möglichst exakte Handhabung verlangen. Das Rückgrat ist das heilige Schema: Listen, Tabellen, Zahlenreihen, Diagramme, und wenn nur irgend möglich Paragraphen, disziplinieren auf Schritt und Tritt den zum Abschweifen neigenden Geist und weisen die Frivolität der Phantasie aufs Entschiedenste in die Schranken. Nur die kleinste Lücke und es droht der Einbruch des Dionysischen in die Körperschafts-steuererklärung. Bei der Pflichterfüllung, denn sie ist das höchste Gebot, bedarf es keiner applaudierender Zeugen. Rechte Gesinnung, Ausdauer und Fleiß sind an sich Belohnung genug, wenn auch das Herz dabei ergraut.

Aber auch neben der eigentlichen Arbeit kann sich diese Haltung bis auf die alltäglichsten Banalitäten ausdehnen. Kaum etwas lässt sich leicht, unbeschwert oder entspannt bewerkstelligen. Alles ist Prüfung, Heimsuchung oder wäre Anlass unterzugehen. Schon beim Aufstehen die rechten Gedanken haben, bei der Morgentoilette optimale Hygiene üben, aber sich nicht der Verweichlichung hingeben. Nur eine Krawatte kann die richtige für die heutige Konferenz sein, aber welche ist es? Exakt das Frühstück dosieren, um die optimale Leistungsfähigkeit zu garantieren, beim Nachrichtenhören, Wichtiges von Unwichtigem trennen, die Katze gebührend behandeln, aber nicht verwöhnen. Der Abschied von zu Hause hat so zu sein, dass den Pflichten als Familienvater Genüge getan wird, aber trotzdem soll ein Tadel für die Unruhe beim gestrigen Abendessen zum Ausdruck gebracht werden. Und so geht es endlos weiter. Der Tag ist noch jung, aber schon endlos die Zahl der möglichen Stolpersteine, die Anzahl der zu treffenden Entscheidungen von ganz prinzipieller Bedeutung und von großer Tragweite.

Auf seinem Sterbebett fragte sich der Grammatiker Plötz: »Soll ich sagen, ich sterbe, oder muss ich sagen, ich liege im Sterben?« Da ihm die Entscheidung schwer fiel, starb er lieber.

Kontrolle

Der Pessimist hat mehrere Möglichkeiten, mit den für ihn im Vordergrund stehenden dunklen Seiten des Lebens umzugehen. Camus hat uns in seiner Deutung des Sisyphos-Mythos dazu angeregt, uns den Mitleidenden zuzuwenden und gemeinsam mit ihnen der Absurdität des Daseins die Stirn zu bieten.

Andere fliehen voller Abscheu vor der Welt und vor den Menschen, weil sie zutiefst von der Nutzlosigkeit menschlicher Werke überzeugt sind. Was ihnen als einzige Tat dann verbleibt, ist ihre Wut, zu einer Existenz gezwungen zu sein, die ihnen wie eine unerträgliche Zumutung vorkommt. So wird ihr Hohn denjenigen gelten, die sich dumpf damit abfinden oder sich gar dem Delirium der Hoffnung hingeben.

Gehören pessimistisch veranlagte Menschen zusätzlich zu denen, die für die Kränkungen des Daseins besonders empfindlich sind, weil sie Pläne, Wünsche und Hoffnungen hegen, ganz im Sinne der Menschengeschäfte, so vermag sie ein ungünstiger Lauf der Dinge in die innere Katastrophe der Depression zu stürzen. Das geschieht vor allem dann, wenn sie keine Möglichkeit sehen, aktiv ihre Situation zum Besseren zu wenden.

Der Zwanghafte geht unbewusst einen anderen Weg, doch dieser ist deutlich in der Struktur seines Charakters angelegt. Jeder Mensch benötigt Regeln, um sein Leben zu bewältigen und vor allem benötigt er sie, um mit anderen zusammenzuleben. Dieses Regelwerk ist bei ihm besonders eng geknüpft und beherrscht sein Leben mit einer Intensität, die weit über das hinausgeht, was wir bei anderen Persönlichkeitstypen feststellen.

Der Zwanghafte arbeitet ständig an seiner Lebensaufgabe. Sie besteht darin, nicht zu den Verwerflichen und den Versagern zu gehören, die für alles Elend dieser Welt verantwortlich sind. Das geschieht um den Preis einer permanenten Anstrengung und vieler Entsagungen. Sie kommen ihm allerdings umso weniger schmerzlich vor, als es ihm gelingt, sie als Anzeichen seiner Tugendhaftigkeit umzudeuten. Halt geben ihm bei seiner Aufgabe einfache Verträge mit sich selbst in Form von Gewohnheiten. Sicherheit versucht er aus der ständigen Überwachung und Bewertung seiner Gedanken, Gefühle, Wünsche und Verhaltensweisen zu ziehen. Unmissverständlich müssen die Gesetze sein, denen er sich unterwirft. Seine Ziele haben ihn über jedes Mittelmaß zu erheben, und sein Gewissen muss gnadenlos wüten, wenn er ihnen nicht gerecht wird. Denn, so der Zwanghafte, der Mensch ist ein wildes Tier, das permanent gezähmt werden muss. Jeder Tag ist eine Aneinanderreihung von Prüfungen, bei denen es ums Ganze geht, denn das Leben ist kein Spaß. Auf seinem dornenreichen Weg schließlich hat er unter Einsatz aller, aber auch aller Mittel dafür zu sorgen, dass die anderen, Familie oder Mitarbeiter, Nachbarschaft oder Volksgemeinschaft, genauso wenig vom Pfad der Tugend abweichen. Die wahre Menschliebe hat hart, kompromisslos und hundertprozentig effizient zu sein.

Schließlich muss auch die materielle Welt ständig daraufhin überprüft werden, inwieweit sie noch in Ordnung ist, soll sie ihn doch bei seinen Werken – der Bewältigung seines Daseins und dem Dienst an der Menschheit im Allgemeinen – nicht stören. *Zur Ordnung gehört auch, dass Bewährtes bewahrt wird. Was einmal nützlich war, kann es immer wieder sein. Sich von Altem trennen, hieße dem Neuen vertrauen. Wer wäre so unbelehrbar und leichtfertig? Was gut genug war, soll es plötzlich nicht mehr sein? Dann erklärt doch Undankbarkeit zur Tugend und das Gefühl des Verbundenseins zum Merkmal von Vertrottelten, die bezweifeln, dass alles immer besser wird! Mich befriedigt alles, was sich stapeln lässt. Eingeordnetes und Verbuchtes, das will ich mir bewahren. Quirliges gehorcht nicht dem Gesetz, es windet sich und widerstrebt dem Geist. Um mich sei die Burg, ich kenne alle Zinnen.*

Der Burg jedoch droht manchmal höchste Not: Die Zinnen wanken. Was ansteht, heißt wohl Entscheidung. Entscheidungen verlangen ihrer unsäglichen Natur zufolge, dass etwas aufgegeben werden muss, um einer anderen Sache willen. Somit ist alles sonnenklar. Wir wählen das Bessere. Doch Halt: Ist hier nicht Vorsicht bis zum geht nicht mehr geboten? Wie war das einst, als ich mich für den Regenschirm entschied und dann keine Spur von Regen fiel? Nur Unannehmlichkeiten, in der Tat. Den Regenschirm, im Zweifel, also unbedingt zu Hause lassen? Doch halt und nochmals halt! Wenige Tage danach verfuhr ich so und wurde nass. Was also ist zu tun? Klären, klären, nochmals klären, bis die Sache sicher ist. Wie kläre ich? Der Wetterbericht – unzuverlässig. Das eigene Gefühl – es schwankt und droht sogar zu täuschen. Was ist zu tun? Wen fragen? Ist jemand kundig und überhaupt erreichbar? Unannehmlichkeiten sind nicht zu ertragen,

Nasswerden macht den Körper krank. Sicherheit tut Not. Doch wie und wo? Ich sinne, und der Tag vergeht. Möge morgen alles klarer sein, um der gequälten Seele willen. Kontrolle nach innen, Kontrolle nach außen, Kontrolle ist das Maß aller Dinge. In einer Welt, in der die Unbändigkeit des Seins eine ständige Gefahr bedeutet, in der alles zerfließen will und in der die Zeit ständig das gestern Gefestigte zu zerstören droht, ist die Kontrolle das einzige Mittel, das der Auflösung Einhalt gebieten kann. Da es nur eine in der Vergangenheit bewährte Art gibt durchzukommen und Experimente ein unerträgliches Risiko bedeuten würden, muss alles bis aufs Kleinste mit den eigenen Vorstellungen übereinstimmen: Es gibt nicht mehrere mögliche Ordnungen, sondern die Ordnung und das Chaos. Der Pedant, der nicht arbeiten kann, wenn seine Bleistifte nicht millimetergenau angeordnet auf dem Schreibtisch liegen, ist nicht bloß jemand, der sich nach der Sicherheit seiner bewährten Welt sehnt. Der Bleistiftzurechtrücker ist jemand, dessen Ich sich auf der Stelle auflöst, wenn der Teil der Welt, den er mühsam dem Geist unterjocht hat, wieder ins Gebrodel der Strukturlosigkeit zurückversinkt. Es geht auch auf der Schreibtischplatte um Himmel und Hölle, um Rettung oder Verdammnis.

Sorge

Wer sein Leben von einer quasi lückenhaften Kontrolle abhängig macht, muss annehmen, alles sei potentiell kontrollierbar. Wie ist es darum bestellt?

Da ist einmal der Versuch, sich ständig so unter Kontrolle zu halten, dass man in jedem einzelnen Fall den eigenen Ansprüchen genügt. Sicherlich gibt es Menschen, die über weite Strecken ihres Lebens ein gutes Gewissen haben, dabei in der Lage sind, Fehler einzugestehen, eventuell Lehren daraus zu ziehen und sich im Wesentlichen so anzunehmen, wie sie sind.

Aber aus diesem Holz ist der Zwanghafte nicht geschnitzt. Sein Gewissen ist empfindlicher als das aller anderen. Es ist im Wesentlichen darauf ausgerichet, jeden noch so kleinen Fehler zu vermeiden. Dabei können Schuldgefühle auch dann auftreten, wenn keine Schuld im eigentlichen Sinne vorliegt, sondern bloß Fehlleistung. Der Schweizer Psychologe Piaget hat in einer Reihe spannender Untersuchungen die Entstehung und Entwicklung moralischer Urteile bei Kindern untersucht. Wonach beurteilen sie, ob eine Haltung moralisch gut oder verwerflich ist? Jüngere Kinder beurteilen eigene oder fremde Handlungen in erster Linie nach deren Konsequenzen: Ein Kind, das fünf Teller zerbrochen hat, hat schlechter gehandelt, als ein anderes, das nur drei zertrümmert hat. Wenn sie älter sind, urteilen sie vor allem nach der Motivation oder Absicht des Handelnden: Wenn einer ungeschickt ist und fünf Teller fallen lässt, so ist seine Tat weniger verwerflich als die eines anderen, der aus Wut absichtlich einen Teller an die Wand wirft.

Zwanghafte sind auf dem Hintergrund ihrer Philosophie von der Schlechtigkeit der Menschen nicht so schnell bereit, bloßes Missgeschick oder sogar lautere Absichten gelten zu lassen. Ab einer gewissen Ausprägung ihrer Zwanghaftigkeit verfahren sie auch so mit der eigenen Person. Abweichungen werden schwerlich toleriert, und die Zukunftserwartung ist durchweg pessimistisch. Jede Fehltat muss gravierende Folgen haben, denn die Ordnung der Welt wurde gestört, und dafür gibt es kein Pardon. Somit ist die Schwelle dafür, andere und vor allem sich selbst für schuldig zu halten, außerordentlich niedrig.

Der Psychiater Tellenbach hat für diesen quasi-permanenten inneren Zustand der Beunruhigung den Begriff »Remanenz« geprägt. Er versteht darunter das quälende Gefühl, hinter dem Selbstanspruch zurückzubleiben, fast unabhängig davon, was der Mensch gerade wirklich getan hat. Es ist ein ständiges Gefühl des Schuldens gegenüber den Forderungen an sich selbst. Damit kommen wir zu einer scheinbar paradoxen Beobachtung. Um so tugendhafter ein Mensch ist und umso mehr er sich bemüht dem gerecht zu werden, umso häufiger und leichter treten Schuldgefühle auf. Wer durch gnadenlose Kontrolle des eigenen Selbst versucht, mit seinem Gewissen ins Reine zu kommen, muss scheitern. Dieses Unterfangen ist selbstquälerisch und letzten Endes aussichtslos, auf jeden Fall ist es ein permanenter Grund zur Sorge.

Seine Besorgtheit um sich selbst betrifft beim Zwanghaften oft auch den eigenen Körper. Ihm ist das vitale als Solches schon immer suspekt gewesen, zeigt es doch eine gewisse animalische Unbekümmertheit gegenüber seinen Überwachungsbestrebungen und seinen Kontrollansprüchen. Darüber hinaus manifestiert sich der Körper gelegentlich durch Regungen, die nicht unmittelbar und zweifelsfrei einzuordnen sind, ein zusätzlicher Grund zum Misstrauen. Kommen dann noch die typischen Tendenzen zum bedrohungsorientierten Denken hinzu, so läuft jedes noch so bescheidene Lebenszeichen, wie ein gelegentliches Drücken, Stechen, Pochen oder Flattern Gefahr, als sicheres Anzeichen eines jäh einsetzenden Endes interpretiert zu werden. Auf die Art kann Hypochondrie entstehen, die älteste Krankheit der Menschheit, wie man sie genannt hat.

Der Versuch des Zwanghaften, alles unter Kontrolle halten zu wollen, ist wenig erfolgreich: Er führt zu Besorgnis ohne Unterlass. Das, was abgewendet werden sollte, wird dadurch nur angestachelt. Lückenlose Kontrolle nach außen gelingt auch nicht so recht. Der Zwanghafte ist ständig darauf aus, die anderen an seiner Ordnung der Dinge teilhaben zu lassen. Wer über die Wahrheit verfügt, kann nicht zulassen, dass andere umherirren.

Wer weiß, was richtiges Handeln ist, muss seinen Mitmenschen mühsame und oft schmerzhafte Experimente ersparen und das umso mehr, je näher sie ihm stehen. Es hat eine permanente Erziehung zu erfolgen: Die Natur des Menschen verlangt es, dass man ständig um ihn besorgt ist. An dieser Stelle wäre Gleichgültigkeit ein Verbrechen, der Gedanke, dass Ideen oder Ideale austauschbar seien, der Beginn der Auflösung.

Der so heftig Umsorgte allerdings erlebt die ihn bei jeder Gelegenheit treffende Sorge nicht selten als moralische Intoleranz und als Gängelei. Er kann sich aber nur schwer dagegen wehren, weil es ja angeblich um seine eigenen Interessen geht.

Schließlich ist es die ganze Welt um ihn herum, die dem Zwanghaften Anlass zu Beunruhigung gibt. Sie funktioniert nicht immer so, wie er es erwartet.

Einer meiner Patienten bezeichnet Ereignisse, die er nicht bestellt hat und die wie Geschosse in seinen millimetergenau geregelten Alltag einschlagen, seit eh und je als »Unbill«. Er drückt damit die höchste Form der Empörung aus, zu der er fähig ist. *Unbill, das Flugzeug über dem Haus, wenn er Zeitung liest; auch Unbill: der Lichtschimmer einer Straßenlaterne durch die stets geschlossenen Vorhänge. Unbill: der Wasserspritzer auf dem Boden, der minutenlang wütend angestarrt werden will. Der Hausbewohner, der ihm zufällig auf der Treppe begegnet, bringt ihn außer sich. Volle Verachtung verdient der Autobusschaffner, der ihn anschaut, zwingt er ihn doch zurückzuschauen. Unbill: die Krankheit der Tante, er muss dem Onkel gegenüber seinen Genesungswunsch ausdrücken, und dies stand nicht auf dem Programm. Unbill zur Potenz, die Bulette, die der Verkäufer diesmal anders verpackt – auf nichts mehr kann man sich verlassen. Unbill schließlich diese Gallenkolik. Es bleiben so vielen Zeitungen ungelesen. Wann dies nachholen? Und zusätzliche Arztbesuche werden fällig, jeden Zeitrahmen sprengend.*

Unbill auf Unbill, wohin er auch blickt, Wechsel und Verfall.

Der Lebensentwurf des Zwanghaften verlangt die Welt, so wie er sie vorfindet, in Ordnung zu bringen. Dadurch sollen ihre unauslotbaren oder gar aufrührerischen Elemente so abgeschwächt werden, dass er sich sicherer darin fühlt. Nicht mit Vertrauen und Zuversicht macht er sich ans Werk, jedoch mit Ernsthaftigkeit, Ausdauer und im tief empfundenen Gefühl der Verantwortung für sich und für andere. Doch er stößt da an seine Grenzen, wo sein Strukturierungswille und seine Absicherungsideologie an der Lebendigkeit in ihm, in den anderen oder sogar in den Dingen scheitern. An der Stelle wird der Geist zum Widersacher der Seele – und unterliegt.

Dann wird er mit Sorgen überflutet und er reagiert, hierin liegt die Tragik, mit dem Versuch, die Kontrollen zu verschärfen. Die Seele schnürt sich noch mehr ein, er versagt sich den letzten freien Atem. Die eigenen Gesetze werden zur unerbittlichen Privatreligion. Gebote und Verbote, nicht mehr nach Sinn befragt, wuchern krebsartig und verdrängen auch die letzte innere Freiheit. Der Alltag wird zur tausendmal eingeübten, immer gleich abgespulten, seelenlosen Pantomime. Das Drehbuch, das für andere verfasst wird, legt jetzt ihre Gedanken und Gefühle bis ins Letzte fest. Die Sanktionen, die sie treffen, wenn sie es wagen zu improvisieren, fallen immer unmenschlicher aus.

Doch wenden wir uns wieder Allan Sandage zu. Er zumindest blickt noch in den Himmel. Aber die Aufgabe, die er übernommen hat (»Nur ich bin übrig«) und mit der er noch heute seine Tage und seine Nächte verbringt, hätten die Götter auch Sisyphos stellen können: Die Tiefen des Weltalls zu ergründen. Hinter jeder Galaxie, die mühsam erschlossen wird, taucht die nächste auf und so geht es endlos weiter. Sicher begehrt er immer perfektere Beobachtungsinstrumente und vielleicht sind ihm alle Mittel recht, um sie zu erlangen. Er kann ja damit in den Himmel blicken, ihn sogar vermessen und die Ergebnisse schön säuberlich notieren.

Aber vielleicht lauern vor immer mächtigeren Teleskopen auch die Pforten der Hölle.

Alltag der zwanghaften Persönlichkeit: Sechs Beispiele

Alltag als Heimsuchung

Das Leben ist eine Anstrengung,
die einer besseren Sache würdig wäre.
Karl Kraus

Es ist 23.30 Uhr. Das Haus ist einigermaßen ruhig, wenig Verkehr draußen. Keine Flugzeuge mehr. Ein wenig Licht schimmert durch die verschlossenen Gardinen (Unbill!) Trotzdem: die relative Gunst der Stunde ist zu nutzen.

Er spricht: »Nun legt er sich hin«. Aber er legt sich nicht hin, denn dann spricht er: »Nun fängt er an«. Und er fängt an, dieselbe Abfolge wie jeden Tag, 365 Mal im Jahr, seit vielen, vielen Jahren. Er fängt an mit dem Rückblick auf den vergangenen Tag, den 13. Mai, und fragt sich:

1. Wie lange auf gewesen?
2. Wie lange ferngesehen?
3. Welche Sendungen gesehen?
4. Wer ist in den Sendungen aufgetreten?
5. Wie lange Radio gehört?
6. Was gehört?
7. Mit wem am Tag gesprochen?
8. Was habe ich gesagt?
9. Was haben die anderen gesagt?
10. Besondere Vorkommnisse?

00.15 Uhr: Er spricht: »Er hat den Rückblick gemacht.

Nun bereitet er die Vorschau auf den 14. Mai vor.« Er geht in die Küche und beginnt eine Bestandsaufnahme der vorhandenen Lebensmittel, die er einzeln aufzählt. Dann macht er den Einkaufszettel, denn morgen ist, wie zwei Mal pro Woche, Einkaufstag. Er kommt auf 18 Artikel, die einzukaufen sind. Dann wiederholt er die Liste dreimal hintereinander im Kopf, Artikel für Artikel, immer in derselben Reihenfolge.

00.48 Uhr: Er hat den Einkaufszettel gemacht. Kostenpunkt 97,65 DM, denn er kennt die Preise auswendig. Welche anderen Geldausgaben stehen für den nächsten Tag an? Eine Musikkassette 29,90 DM, das Fahrgeld 3,80 DM, eine Zeitung 1,00 DM. »Nun disponiert er.« Das Geld wird der »Kasse« entnommen. Er legt 5 DM für die Fahrkarte zurecht. Der Rest beträgt 1,20 DM. Er legt 96,45 DM bereit. Mit dem Restgeld ergibt das den Preis der Lebensmittel. 1 DM für die Zeitung und 30 Mark für die Kassette werden entnommen. Restbetrag von der Kassette 0,10 DM. Da er immer 20 DM als Reserve mitnimmt, sind 19,90 DM bereitzulegen, ergibt mit dem Restgeld der Kassette 20 DM. Das Disponieren endet damit, dass die Rechnung dreimal im Kopf nachvollzogen und die Frage geklärt wird, welcher der mitzuführenden Geldbeträge in welcher Tasche untergebracht wird.

01.12 Uhr: Er beginnt mit der Vorschau auf den nächsten Tag (14. Mai). Er legt sich wirklich hin. Alle Punkte werden lediglich im Kopf aufgezählt oder halblaut gemurmelt. Zuerst das Vorprogramm:

1. Wann aufstehen?
2. Was anziehen?
3. Was muss in den Abfall? (Versuch sich zu erinnern, was im Mülleimer enthalten ist)
4. Was könnte morgen an Post kommen?
5. Welchen Pudding zum Frühstück, Erdbeere oder Banane?
6. Was ist zu erledigen? Aufzählen. Lebensmitteleinkaufsliste zweimal im Kopf wiederholen.
7. Festlegen der genauen Route (Verkehrsmittel mit Minutenangabe bei Umsteigen usw.)

01.42 Uhr: Das Vorprogramm ist erledigt. Er beginnt mit dem Programm. Die Schritte des Tages werden einzeln mündlich aufgezählt mit Zeitangaben.
12.10 Uhr: »Erheben«.
12.20 Uhr: Morgentoilette, Frühstück (Banane) und Anziehen. Alle Operationen werden einzeln aufgezählt.
12.50 Uhr: Presseschau im Fernsehen.
13.00 Uhr: Videotext-Tafeln.
13.20 Uhr: Sendungen aussuchen und Videogerät dafür programmieren.
13.50 Uhr: Festlegen, wann gelüftet werden soll.
13.55 Uhr: Mülleimer leeren. Vorher möglichst vergegenwärtigen, was er enthält.
14.03 Uhr: Einkaufsliste einmal im Kopf wiederholen.
14.06 Uhr: Überlegen wann noch einmal auf Toilette gehen.
14.08 Uhr: Den heutigen Weg zur S-Bahn genau festlegen.
14.12 Uhr: Festhalten, wo heute Berliner Zeitung gekauft wird. Festhalten, vor welchem Laden die Schlagzeilen der Bildzeitung gelesen werden (beide Läden dürfen nicht identisch sein).

14.15 Uhr: Endgültig anziehen.
14.20 Uhr: Einkaufsliste einmal im Kopf wiederholen.
14.25 Uhr: 10 Minuten fernsehen und 5 Minuten Schlager einer bestimmten Sängerin anhören (Mutmacher).
14.45 Uhr: Überlegen, wem er auf der Treppe und im Flur begegnen könnte.
14.50 Uhr: Er verlässt das Haus.
15.18 Uhr: Einstieg in die S-Bahn. Festlegen, ob heute Fahrgäste angeblickt werden sollen oder nicht.
15.49 Uhr: Ankunft S-Bahn.
15.50 Uhr: Fußweg zu Dr. X.
16.00 Uhr: Ankunft Praxis Dr. X.
16.58 Uhr: Verlassen Praxis Dr. X.
17.03 Uhr: Ankunft S-Bahn. Festlegen wie Wartezeit überbrücken. Heute: Auf- und abgehen.
17.21 Uhr: Einstieg in S-Bahn. Festlegen, ob heute Fahrgäste angeblickt werden sollen oder nicht.
17.52 Uhr: Ausstieg aus der S-Bahn.
17.55 Uhr: Currywürste zum Mitnehmen einkaufen. Festlegen, was zum Verkäufer sagen, wenn A. keine Leute vor dem Stand, B. wenn 1 bis 3 Personen vor dem Stand und C. wenn mehr als 3 Personen da sind.
18.05 Uhr: Weg zum Supermarkt. Einmal Aufsagen der Einkaufsliste im Kopf. Das Original ist in der Westentasche wird aber nur im Notfall konsultiert.
18.30 Uhr: Einkauf beendet. »Heimmarsch«.
18.46 Uhr: Ankunft zu Hause. 1. Auspacken.
19.00 Uhr: Fernsehprogramm zum 1. Essen aussuchen. Essen der Würste.
19.25 Uhr: Telefonat mit Y führen.
19.30 Uhr: Beendigung des 1. Essens mit Fernsehen. 2. Auspackaktion.

19.50 Uhr: Ende der 2. Auspackaktion. 1. Kontrollieren der Kassenbons.
20.15 Uhr: 1. Disponieren für den nächsten Tag.
20.30 Uhr: 1. vorläufige Rückschau auf den bisherigen Tag. Was gesagt, mit wem gesprochen usw.
20.50 Uhr: Beginn des offiziellen Fernsehprogramms. Bei schon laufender Sendung, Inhaltsangaben im Programmheft vorher lesen.
22.10 Uhr: 2. Essen bereitlegen.
22.20 Uhr: 2. Teil des Fernsehprogramms
23.30 Uhr: Rückblick, Vorprogramm und Programm für den nächsten Tag.
03.00 Uhr (ca.): Ab der Beendigung »Feierabend«. Schlager hören, Zeitunglesen usw.
05.30 Uhr: Wiederholen des Programms (Schnelldurchlauf)
06.00 Uhr: Schlafenlegen.

Nun ist das heutige Programm beendet, die Rolle für den nächsten Tag ist einstudiert. Ohne das geht es nicht. Er hat dann einigermaßen das Gefühl, den nächsten Tag im Griff zu haben. Der Kopf ist halbwegs frei, der Feierabend kann beginnen. Doch schon lärmen die ersten Lastwagen auf der Straße (Unbill!), bald kommt das Licht, dann wird es Zeit sich schlafen zu legen. Nein, dieses Licht, jedes Mal aufs Neue dieses Licht.

Unser Leben besteht aus Tagen und jeder Tag sozusagen aus Pflicht und Kür. Die Pflichten werden entweder von außen gegeben, wie die Termine einer beruflichen Tätigkeit oder sie ergeben sich aus dem geregelten Zusammenleben mehrerer Menschen. Andere mehr oder weniger feststehende Termine fordert der eigene Lebenserhalt: sich ernähren, pflegen, schlafengehen und so weiter verlangen zumindest eine gewisse Regelmäßigkeit.

Freie Zeit hingegen ist die, über die ich mehr oder weniger nach eigenem Gutdünken verfügen kann. Ohne eine gewisse Regelmäßigkeit in der Zeiteinteilung geht es also nicht. Auch ganz ohne Gewohnheiten kommt niemand aus. Sie geben uns Halt, ersparen uns, permanent neue Entscheidungen treffen zu müssen und bilden sozusagen das feste Gerüst, um das herum dann freiere Momente wie Improvisationen, Experimente oder mehr vom Gefühl bestimmte Unternehmungen ohne allzu großes Risiko möglich sind.

Auch das Vorausplanen über bestimmte Zeitstrecken hat sich bewährt. Unsicheres und Mühsames kann bis zu einem gewissen Grad eingeübt und dadurch mit einem größeren Gefühl der Sicherheit angegangen werden. Der bei der Planung vorweggenommene Wechsel von Anstrengung und Entspannung stimuliert die Motivation und zeigt das Leben vielleicht auch von seiner weniger strengen Seite.

Am vorangegangen Beispiel sehen wir, was aus einer solchen durchaus vorteilhaften Vorgehensweise werden kann, wenn sie in die Klauen des Zwanges gerät.

Wie der Gefängnisaufseher seiner selbst wacht hier jemand über das eigene Leben und bearbeitet auch noch die letzte Sekunde. Mit seinen Gedanken an Vergangenem hängen hat durchaus seinen Reiz oder kann nützlich sein: Angenehmes wird noch einmal hervorgehoben, und manches im Rückblick entschärft. Hier beginnt alles damit, dass der vergangene Tag wie auf dem Seziertisch zerlegt wird. Der enzyklopädische Virus hat alles befallen: Wie lange, mit wem, welche Wörter (nur keines vergessen!) gingen durch Mund und Ohr? Nur so, schön säuberlich zerteilt, gilt der Tag als gelebt und kann abgehakt werden.

Sicherungen gegen Gefahren von Innen und von Außen sind möglich durch Katalogisieren von Vergangenem, aber vor allem durch Programmieren und Durchexerzieren der Zukunft. Die Zeit des nächsten Tages wird griffbereit zurechtgelegt; nur in dieser verbrauchsfertigen Welt ist eine schnelle und effiziente Erledigung gewährleistet.

Die Schrittfolge wird genau festgelegt und dann auf dem nächtlichen Lager, Exerzierplatz der Verängstigten abgegangen – auf und ab, auf und ab. Dabei wird beim nächsten Tag kein Unterschied gemacht zwischen Wichtigem und weniger Wichtigem, zwischen der großen Tat und der Routine. Alles ist gleichbedeutend, denn es hat denselben Imperativen zu gehorchen.

Der erste ist die reine Zweckmäßigkeit. Kein Firlefanz und nur kein Leerlauf. Das, was Adorno über die Wirkung der industriellen Maschine auf den Menschen gesagt hat, gilt auch von der inneren Maschine, die scheinbar den Zwanghaften antreibt: »Sie macht die Gesten präzise und roh und damit die Menschen. Sie treibt aus der Gebärde alles Zögernde aus, alles Bedächtige. In der Bewegung, welche die Maschine verlangt, liegt schon das Gewaltsame, Zuschlagende . . ..« Die Gewalt richtet sich hier allerdings gegen die eigene Person. Sie wird unerbittlich vorangetrieben, keine zufallsbedingten Abläufe mehr, Ausmerzung jedes Überflüssigen. Flexibilität wird immer mehr aus dem täglichen Leben verdrängt, Rhythmus gilt als Störung.

Das zweite Diktat resultiert aus der Inflation des Moralischen, die für den Zwanghaften typisch ist. Die Kakophonie dieser permanenten quasi-moralischen Stimme begleitet ihn auf Schritt und Tritt. Wie muss heute an der S-Bahn gewartet werden? Wann muss gelüftet werden? Was soll ich heute zum Zeitungsverkäufer sagen? Und so weiter. Der Kontakt zu Menschen wird wie auf einem Anrufbeantworter vorprogrammiert: Ich will nicht zu Hause sein, aber den Kontakt auch nicht ganz abbrechen. Ich sage meinen Satz. Nun sprich du, aber stelle mich dabei nicht vor unlösbare Aufgaben und bringe vor allem mein Programm nicht durcheinander. Andere Menschen nehmen langsam aber sicher die Dimension von Programmpunkten ein. Für ein Gespräch sind zwei Minuten vorgesehen, wenn es möglich wäre, wären es bald nur noch Sekunden.

Umgang mit der Zeit: Zuerst wird sie eingeteilt, dann in immer kleinere Stücke gerissen. Irgendwann zerbröckeln sie und rinnen dann schließlich durch die Finger wie eine Hand voll Staub. Je kürzer die Intervalle zwischen zwei Phasen der Absicherung, um so kürzer auch die zwischen den Sorgen. Die Spannung wächst mit jedem krampfartigen Versuch, sie auszuschalten.

Immer mühsamer muss die Rolle gelernt werden, wenn es sich auch so langsam um ein Ein-Personen-Stück handelt. Am Ende werden es Texte um Nichts und nur der Chor der Uhrmacher nickt gelegentlich noch müde dazu.

Geld

Dich zu verschlingen, frommt der Schlund.
Richard Wagner

Geld, das man ausgibt, hat keine Seele. Es repräsentiert höchstens die Vorwegnahme des Gefühls, das sich dann einstellt, wenn wir die »Ware« erhalten: Freude beim Erwerb von etwas Begehrtem, Erleichterung beim Abtragen einer Schuld. Seine Bestimmung ist klar abgegrenzt, der Tauschwert bildet seine Substanz. Kehren wir kurz zum »Disponieren« zurück. Die nötigen Ausgaben sind zweifelsfrei identifiziert, hier wird es keine Überraschungen geben. Der Akt des Sich-Trennens vom Geld wird dadurch erleichtert, dass jede Leistung oder Ware, die erstanden werden soll, von vorneherein der dafür notwendige Betrag zugewiesen wird. Dann wird alles schön säuberlich getrennt untergebracht. In der rechten Westentasche ist die Möglichkeit S-Bahn zu fahren und ein Überhang von 1,20 DM, der mit den 96,45 DM, die in der linken Westentasche sind, den Gegenwert für allerhand Lukullisches aus der Dose bietet. Etwas zwanghaft zwar, aber eine rationale und nachvollziehbare Prozedur.

Doch es gibt die andere Seite des Geldes, des Geldes, das nicht ausgegeben wird. Für die meisten Zwanghaften ist sie die wichtigere. Es gäbe jederzeit die Möglichkeit, Geld gegen etwas einzutauschen. Sparen oder Horten bedeutet also in erster Linie einen Lustverzicht oder zumindest einen Aufschub. Wodurch werden sie kompensiert? An der Stelle strahlt Geld eine Wirkung aus, die es mit mächtigen elementaren Gefühlen wie Hoffnung und Glück, aber auch mit Furcht und Besorgnis verknüpft. Es wird beseelt und bekommt einen subjektiven Wert, der keine Beziehung mehr zum realen Tauschwert hat. Es wird dadurch endgültig zum unantastbaren Fetisch. Die Funktion im seelischen Haushalt des Besitzers (er sitzt darauf, wie Fafner, der Drache, in Wagners Ring!) ist mannigfaltig: Abwehr schleichender Lebensangst, magische Kontrolle der Zukunft, Allheilmittel gegenüber allen Eventualitäten des Schicksals, Retter aus jeglicher Not und nicht zuletzt die Möglichkeit, all jene zu verachten, die mit Geld nur eitlen Kleinkram und welschen Tand verbinden, auf dem Jahrmarkt der Eitelkeiten.

Kein Opfer im täglichen Leben kann groß genug sein, wenn es darum geht, den Schatz und damit seinen inneren Gegenwert, zu vergrößern. Jedes Abschneiden eines Teiles davon, schneidet ins eigene Herz. Die Wunde heilt langsam und die Qualen der ganzen Prozedur verstärken nur die finstere Entschlossenheit, der nächsten Versuchung unbedingt zu widerstehen.

Der zu Rettende tritt endgültig in die Sklaverei des hypothetischen Rettungsmittels. Langsam entweicht ihm seine Seele und materialisiert sich papieren in Sparbüchern und Aktien, festverzinslichen Wertpapieren oder abgegriffenen Scheinen unter der Matratze. Aber die alle lassen sich bekanntlich stapeln.

Der Gehülfe

Es waren aller Art Menschen,
die ähnliche Strafen wie der Gehülfe zu verbüßen hatten.
Robert Walser

Der Gehilfe sitzt im Souterrain. Als kurz nach der Wende sein Chef, Rechtsanwalt und Notar, das ganze Büro auf EDV umrüsten ließ, bat sich Ansgar B., seit über 25 Jahren in der Firma und wenige Jahre vor der Pensionierung, aus, weiter wie bisher arbeiten zu dürfen, handschriftlich meist, daneben auf einer ältlichen mechanischen Schreibmaschine, beide Male mit Durchschlagpapier, obwohl nun zwei Fotokopierer zur Verfügung standen. Da alle ihn respektierten, in der inzwischen expandierenden Firma, fand niemand das übermäßig anmaßend, und auch dem Chef war es recht. Ansgar B. zog freiwillig ins Souterrain, das man ihm recht großzügig ausstattete, ohne Luxus zwar, aber solide und zweckmäßig. Nach wenigen Wochen bat er den Chef, ob er seinen alten Schreibtisch wieder haben könne, aus Holz und nicht so kalt wie das neue Metallteil. Nach und nach kamen alle alten Möbel wieder hinein. Metallaktenschränke und Ablagen stehen nun anderswo herum, stören dann und wann, aber das Haus ist geräumig und Ansgar B. von allen respektiert.

Sein Arbeitstag beginnt anderthalb Stunden vor dem der anderen. Er benötigt diese Zeit, um noch einmal das, was er am Tag vorher getan hat, in Ruhe durchzusehen. Jeder im Büro weiß, dass er Akten oder andere Schriftstücke, die Ansgar B. in der Hand hatte, nur in dringenden Fällen am Nachmittag erhält. Immer nur am Vormittag des folgenden Tages, keiner weiß so recht warum, aber man hat sich daran gewöhnt. Bei seiner Revision unterscheidet Ansgar zwischen Fehlern erster, zweiter und dritter Ordnung. Jeden, den er findet (es kommt sehr selten vor), verzeichnet er in einer schwarzen Kladde, die er streng unter Verschluss hält. Am Ende der Woche zieht er Bilanz und vergibt sich eine Note für seine Arbeit, nach einem komplizierten System, bei dem einzelne Fehler, je nach ihrer Art, unterschiedlich gewichtet werden. Die Skala der Noten, die zur Verfügung stehen, beginnt mit »Ausreichend«. Sie wird dann vergeben, wenn während der gesamten Woche kein einziger Fehler aufgetaucht ist. Ist die Wochennote tiefer, wird »Nachsitzen«, wie er es nennt, verordnet. Je nach dem Grad des Versagens bleibt er ein bis zwei Stunden nach Büroschluss, um »ordentliches Arbeiten« zu üben. Es ist schon aufgefallen, dass seine Arbeitszeiten etwas eigenwillig sind, aber keiner fragt ihn nach den Gründen, gibt er doch nie Anlass zu Beschwerden.

Da er sozusagen nicht ans offizielle Datennetz des Büros angeschlossen ist (unangenehm, aber man findet sich damit ab), wird er hauptsächlich mit Sonderaufgaben betreut. Er sichtet alte Akten, korrigiert Schriftsätze und dergleichen mehr. Aber er fühlt sich nicht benachteiligt, weil er das, was er tut, für wichtig hält. Über das ihm Aufgetragene hinaus, sucht er sich selber Arbeit, die anderen manchmal etwas sonderlich vorkommt. So legt er dem Chef vierteljährlich eine Liste aller Personen vor, die in den drei Monaten in irgendeinem Schriftstück aufgetaucht sind, das Ansgar B. gesichtet hat. Die Namen sind alphabetisch geordnet, dann folgt, wenn bekannt, Vorname, Geburtsdatum, Geburtsort, Anschrift, Telefonnummer, Familienstand, besondere Kennzeichen. Als besonderes Kennzeichen hatte er einmal bei einem Mandanten eingetragen: Nicht lesbare Unterschrift!!!

Die erste dieser Liste, die er mit dem Kommentar »Zeitsparen ist alles« auf den Schreibtisch des Chefs gelegt hatte, nahm dieser mit nach Hause und zeigte sie wortlos, aber fragend seiner Frau. Sie kicherte etwas, konnte sich aber keinen Reim darauf machen, und man ging zur Tagesordnung über. Trotzdem sagt der Chef seitdem »Ah, da ist sie ja«, wenn er die neueste Liste erhält und bedankt sich artig.

Ansgar Bs. spärliche Freizeit ist restlos verplant. Er bezieht zwei Tageszeitungen, die er nach Feierabend »durcharbeitet«. Zwei Sachen notiert er sich täglich dabei in zwei verschiedenen Heften. Das eine ist überschrieben: »Gut gelungene Formulierungen«. Das andere, knallrot, enthält »Grammatikalische Fehler«. Jede Zeitung erhält am Ende des Jahres eine Abschrift seiner Exzerpte. Nie kam eine Reaktion. Aber das wundert ihn nicht. So sind halt die Menschen. Aber, die Arbeit geht weiter, meint Ansgar B.

Am Sonntagnachmittag zwischen zwei und fünf Uhr inspiziert Ansgar B. öffentliche Baustellen. Er bewertet die Fortschritte nach einem komplizierten Notensystem und gibt auch mal darüber Nachricht an ein übergeordnetes Amt.

Seine Leidenschaft gehört der Eisenbahn. Jetzt nach dem Beitritt, wo er mühelos an Bücher herankommt, gibt er viel Geld für »Fachliteratur« aus. Die Fahrpläne hat er jetzt alle und studiert sie, wenn er nur kann. Über den Beginn seiner Leidenschaft weiß er noch recht gut Bescheid. Wenn der Vater, beide Unterschenkel amputiert, vom Bett aus mal wieder die Familie tyrannisierte, zog er sich oft in eine Ecke zurück und träumte von der Ferne. Ein alter abgegriffener Fahrplan der Reichsbahn lag bereit. Ansgar B. stellte sich oft Reisen zusammen. Mit jedem Kilometer, den eine stampfende Lokomotive ihn wieder fortgebracht hatte, wurde ihm etwas leichter ums Herz. Er sah dann manchmal Richtung Bett mit starkem, festem Blick.

Im Sommer bereist Ansgar B. die Schweiz. Er liebt die Berge sehr und die Schweiz ist sein Land. Er durchfährt sie kreuz und quer mit der Eisenbahn. Sein »Stützpunkt« dabei ist Göschenen im Kanton Uri, ganz zentral gelegen und überschaubar (ein gottverdammtes Nest, unter uns gesagt). Zu Weihnachten erhält er Post vom Wirt.

Eine neue Nachbarin zog einmal ein und gefiel ihm sehr. Das brachte ihn in Verwirrung, und er zweifelte am eigenem Leben. Dann war er niedergeschlagen, fast ein halbes Jahr dauerte das. Mit einiger Hilfe erholte er sich und ist nun wieder ganz der alte. So ist das.

Was soll ich über Ansgar B. noch sagen? Ach, ja, dass er noch immer ledig ist und um drei Ecken herum mit Schabowski verwandt.

Familienbande

Was lehrtest du uns, Verblichener? Du sagtest stets, wir sollten bescheiden und willig bleiben.
Robert Walser

Abgrübeln.
Herr Schwarz ist leitender Bibliothekar, verheiratet, mit einem vierzehnjährigen Sohn. Er ist ein Mensch, der sowohl seinen Beruf als auch sein Familienleben sehr ernst nimmt. Er selbst legt großen Wert auf eine anständige Lebensführung und ist auch bestrebt, diese Haltung anderen, besonders seiner Familie, nahe zu legen. Das geht nicht ohne eine gewisse Konsequenz. So wenig wie mit anderen geht er mit sich selbst lax um. Selbstverständlich verlangt er von sich mehr als von anderen.

Herr Schwarz hat eine Morgenzeremonie, die ihm ein fruchtbarer Anfang des Tages zu sein scheint. Er nennt es »das Alphabet abgrübeln«. Er vertritt eine eigene Theorie über die Nützlichkeit der Prozedur. Wenn am Morgen, so behauptet er, bestimmte »Wertzentren« im Gehirn aktiviert werden, so »strahlen« sie über den ganzen Tag weiter. Das wirkt sich aus in der Mobilisierung von Kraftreserven und in positiven Assoziationen, die von den Wertzentren ausströmen.

Abgrübeln des Alphabets geht so vor sich:

Herr Schwarz sitzt in aufrechter Haltung auf einem Holzschemel, der nur dafür benutzt wird. Auf einem kleinem Tisch liegt eine Liste mit den Buchstaben des Alphabets. Zu jedem Buchstaben ist ein positiver Begriff zu finden, also ein so genanntes Wertzentrum anzustacheln. Der Begriff wird mit einer spitzen Stahlfeder hinter den entsprechenden Anfangsbuchstaben geschrieben. Gleich danach wird mit Löschpapier das entsprechende Wort auf dem Blatt »fixiert«. Weitere wichtige Regeln:

Jeder Begriff ist nur einmal im Monat zulässig, »damit die Wirkung möglichst breit streut«. Im Zweifelfall ist auf den bisherigen Niederschriften des jeweiligen Monats nachzusehen. Die Buchstaben X und Y sind nicht besonders Wertzentrum-trächtig. X wurde daher zum Symbol für Barmherzigkeit und Großzügigkeit ernannt. Dahinter wird an jedem Tag notiert, welche Untat, die Herrn Schwarz zugefügt wurde, jeweils zu verzeihen ist. Y steht für Entsagung: Die Entsagung des Tages wird auserkoren.

Hier das Ergebnis beim Alphabet-abgrübeln vom 10. Januar. Sie ist echt, und Herr Schwarz hat erlaubt, sie als Beispiel anständiger Lebensführung weiterzugeben.

Angelus Silesius
Buße
Cor Christi
Demut
Entsagung

Fürsorge
Gottesfurcht
Hingabe
Ignoranzbekämpfung
Ja-Sagen-zu-Prüfungen
Keuschheit
Langmut
Mannhaftigkeit gegen das Böse
Nahrung des Geistes
Oligophrenie als Folge von Ausschweifungen
Persönlichkeit stärken
Quengel nicht mit dem Schicksal
Sorge um die Menschen
Tugend
Unterwerfung unter das Gesetz
Verantwortung
Wall gegen die Sünde
X Zerrissene Hose des Sohnes beim selbstverschuldeten Sturz nachsehen
Y Kein Bier beim Abendessen
Zurückhaltung

Wenn die Wertzentren zufrieden stellend aktiviert sind, fixiert Herr Schwarz jede Eintragung noch einmal mit dem Löschpapier. Dann legt er das Blatt zu den anderen in die Schublade, steht auf und klopft dreimal an die Wand. Es ist das Signal für die Ehefrau, ihm Kaffee einzugießen. Wenn Herr Schwarz dann in der Küche erscheint, dampft der frische Kaffee in seiner strahlend weißen Tasse, neben dem Becher mit dem magenschonenden Kräutertee der Gattin.

Hausaufgaben

Die Prozedur, die Herr Schwarz für seinen zur Nachlässigkeit und Indolenz neigenden Sohn erdacht hat, habe ich an anderer Stelle beschrieben. Ich muss mich also selbst zitieren (mit freundlicher Genehmigung des Pal-Verlags):

»Nachdem der Sohn von der Schule nach Hause gekommen war, musste er zuerst an den Schreibtisch des (abwesenden) Vaters treten und in ein vorbereitetes Formblatt, die Hausaufgaben eintragen. Dann hatte er zwanzig Minuten Pause. Danach musste er sich an die Arbeit machen. Nachdem er die erste Aufgabe erledigt hatte, sollte er sie auf den Schreibtisch legen (rechts oben) und die benötigte Zeit auf dem Formblatt eintragen. Bei allen folgenden, dieselbe Prozedur. Wenn er fertig war, hatte er auf das Formblatt zu schreiben, dass er alles nach bestem Wissen und Gewissen erfüllt hatte. Mit Unterschrift. Nachdem der Vater nach Hause gekommen war, machte er sich an die Korrektur. Jedes Mal, wenn er eine Aufgabe durchgesehen und die Fehler rot angestrichen hatte, gab er ein Klingelzeichen. Daraufhin musste der Sohn die jeweilige Aufgabe abholen und neu schreiben. Am Ende quittierten beide per Unterschrift und das entsprechende Formblatt wurde abgeheftet.«

Winterstürme

Neben jedem Heizkörper im Hause Schwarz hing in einer Klarsichthülle folgende Dienstanweisung:

»Wärme verschafft uns Behaglichkeit und Schutz, besonders im Winter, vor mannigfachen Krankheiten. Aber sie kann auch zur Verweichlichung beitragen und droht, bei unrechtem Verbrauch, zu einer nicht zu verkraftenden

Geldverschwendung zu führen. Deshalb wünsche ich in unserer aller Interesse, Folgendes befolgt zu wissen:

Die Raumtemperatur darf 18 Grad nie überschreiten (siehe Raumthermometer). Für die Regelung der Temperatur in unserem Hause bin in erster Linie ich verantwortlich. Fühlt sich ein anderes Familienmitglied (etwa in meiner Abwesenheit) bemüßigt, einen Heizkörper zu bedienen, so muss zuerst der jeweilige Raumthermometer geprüft werden. Muss er denn schon höher gestellt werden, so merke: Meist tut es ein Strich statt zweien auch. Beim Gebrauch der Wohnung öfters die Raumthermometer konsultieren. Bei Überschreitung der Höchsttemperatur, zurückdrehen. Zu unser aller Nutzen.

Gez. Schwarz

Er hätte hinzufügen sollen: Nach Diktat vereist.

Zukunftsweisend

Herr Schwarz arbeitet an einer »Hausordnung für gut geführte Familien mit einem Kind«, daneben an solchen mit zwei, drei, vier und mehr Kindern. Er ist fest davon überzeugt, dass eine solche verbindliche Ordnung für »mitteleuropäische Familien der gehobenen gesellschaftlichen Schicht« möglich ist. Sie soll alle potentiell kritischen Situationen berücksichtigen und eine optimale Lösung für alle erdenklichen Fälle liefern. Nach Fertigstellung will er sie dann »an unser aller Leibe« erproben und schließlich veröffentlichen.

Als Herr Schwarz seine Stellung als leitender Bibliothekar antrat, wollte er ein Selbst- erforschungsformular einführen. Überschrieben: »Selbstkritische Reflexionen über meine Verstöße gegen die Dienstordnung.« Einmal im Monat bei der Mitarbeiterbesprechung sollte Autokritik geübt werden. (»Das einzig Positive, das die Bolschewiken eingeführt hatten!«) Die Mitarbeiter lehnten empört ab. Seitdem hat der Schwarz nie wieder an einer Geburtstagsfeier teilgenommen.

Sein Spitzname in der Dienstelle ist »Löschpapier«.

»Sein ausgezeichnetes Wirken auf Löschpapier wird uns immer unvergesslich bleiben«, versichert Robert Walser, der ihn gekannt haben muss. Aber der ist ja im Irrenhaus gestorben.

Gewissen: Irrungen, Wirrungen

Unter friedlichen Umständen fällt der kriegerische Mensch über sich selber her.
Friedrich Nietzsche

Nach Gerhard Pfeifers Analyse der Entstehung des Gewissensbegriffes ist in der Mitte des ersten vorchristlichen Jahrhunderts eine Rückbesinnung des Menschen auf sich selbst eingetreten. In diesem Rahmen sind auch erste Überlegungen zum persönlichen Gewissen erfolgt. Noch Homer sagt nichts über ein Gewissen seiner Helden. Demnach entspringen ihre Entscheidungen auch nicht ihrem Inneren. Es sind die Götter, die für die Menschen planen, entscheiden und ihren Willen lenken. Deshalb kann der Mensch ihnen die Schuld für seine Taten anlasten. Eine Wendung zur Selbsterkenntnis äußert sich in dem altgriechischen Sprichwort »Erkenne dich selbst«, das in der Überlieferung in Zusammenhang mit der Seherin Pythias in Delphi gebracht wird. Sokrates machte diesen Leitsatz zur Grundlage seines Handelns und beriet sich mit seinem Daimonion, der personifizierten Form des Gewissens. Paulus übernahm das entsprechende griechische Wort für Gewissen und verwandte es in seinen Briefen. Damit wurde eine rege Auseinandersetzung über das Thema in Gang gesetzt, die in der mittelalterlichen Scholastik einen Höhepunkt erreichte, später im Luthertum und im Calvinismus fortgeführt wurde. Aus christlicher Sicht wurde das Gewissen zu einer Gegebenheit der gesamten Menschheit, die durch das Ereignis Christus gefestigt und gestärkt wurde. Es manifestiert sich letztlich als persönliche Entscheidung im Gewissensurteil und als solches kann es sich irren. Man ahnt, welche Probleme dadurch auf zwanghafte Menschen zugekommen sind und zukommen.

So waren die ersten Personen, die sich sozusagen von berufswegen mit einigen Phänomenen des Zwanges zu beschäftigen hatten, Seelsorger. Zwangsgedanken galten bis ins 19. Jahrhundert hinein als Störungen des religiösen Erlebens. Sie wurden als das Werk Satans angesehen, der Seelen auch dadurch ins Verderben zu stürzen sucht, dass er sie durch übergroße Gewissenhaftigkeit und Skrupel verwirrt. Das Ergebnis war eine Art religiöse Melancholie, die den Betroffenen nicht selten an den Rand der Verzweiflung brachte, der einzigen unverzeihbaren Sünde. Wodurch solche Selbstzweifel genährt wurden, zeigt ein kurzer Auszug aus den Geistlichen Übungen des Ignatius von Loyola. Bei der Gewissenserforschung zur Vorbereitung der Beichte heißt es auf Gedanken bezogen:

»Man sündigt, wenn der Gedanke, schwer zu sündigen, kommt und der Mensch ihm Gehör schenkt, indem er ein wenig dabei verweilt oder einiges sinnliche Wohlgefallen hinnimmt oder wenn einige Nachlässigkeit beim Verwerfen dieses Gedanken vorhanden ist.«

Was heißt »ein wenig« dabei verweilen, wo fängt »einiges Wohlgefallen« an, wann ist »einige Nachlässigkeit« am Werk. Man ahnt die antizipatorischen Höllenqualen, die ängstliche Gemüter beim Versuch, diese Frage zu beantworten, durchlitten haben müssen.

Auch dem Verfasser der vorangegangenen Richtlinien waren Gewissensbisse nicht fremd. Er selbst beschreibt in seiner Autobiographie die Krise, die er in Maresa durchlitten hat. Ignatius spricht von sich in der dritten Person:

»*Obwohl die Generalbeichte, die er in Montserrat abgelegt hatte, mit großer Gewissenhaftigkeit und von Anfang bis Ende in schriftlicher Form erfolgt war, schien es ihm doch manchmal so, wie wenn er bestimmte Sünden nicht gebeichtet hätte und dann war er sehr betrübt . . . Er beichtete nochmals und war trotzdem nicht zufrieden . . . Schließlich riet ihm ein Geistlicher der Kathedrale, dass er nochmals alles aufschreiben müsse, woran er sich erinnern konnte. So verfuhr er und nachdem er gebeichtet hatte, wurde er dennoch von schrecklichen Skrupeln angefallen. Seine Zweifel wuchsen noch mehr und er war sehr niedergeschlagen. Er wusste, dass sie ihm großen Schaden zufügten und es gut wäre, sich ihrer zu entledigen, aber dennoch gelang es ihm nicht.*«

Ein neuer Beichtvater befahl ihm, sich nur mit solchen vergangenen Sünden zu befassen, die ihm »ganz eindeutig« erschienen. Aber Ignatius, dem sie alle »ganz eindeutig« erschienen, verbrachte sieben Stunden am Tag damit, auf Knien zu beten. Er kasteite sich auf jede nur erdenkliche Art, versucht sich ständig seiner vergangenen Sünden zu entsinnen, schweifte in Gedanken von Missetat zu Missetat und wurde das Gefühl nicht los, er müsse erneut zur Beichte.

Es gab sicherlich viele, die von solchen Ängsten befallen waren, und auch heute wird es noch viele geben. Die meisten sind wohl das, was wir zwanghafte Persönlichkeiten nennen. Zu der Zeit entstand, besonders in den romanischen Ländern, eine umfangreiche Fachliteratur, die Priester über die Natur von Skrupeln aufklären sollte und ihnen Hilfestellung im Umgang mit betroffenen Gläubigen gab.

Ich zitiere aus einer damaligen »Anleitung zur Seelenführung«:

»Skrupulanten fallen besonders beim Gebrauch der

heiligen Sakramente auf: Sie verbringen ihre Zeit damit, sich endlos zu erforschen. Es genügt ihnen nicht, um die Reue gebeten und sie erhalten zu haben, sie müssen sie geradezu körperlich spüren. Um das zu erreichen, neue Anstrengungen und nochmals der Versuch, richtig zu bereuen. Erscheinen sie endlich zur Beichte, geraten sie wieder völlig durcheinander. Sie werden unsicher, wissen nicht mehr, was sie gesagt haben oder was sie sagen wollten. Lange Rede, Wiederholungen und allerlei Umstände. Bekommen sie die Absolution, neue Schrecknisse. Haben sie endlich den Beichtstuhl verlassen, so kehren sie in Bälde dorthin zurück, weil sie meinen, sie hätten sich schlecht ausgedrückt oder der Beichtvater hätte nicht alles verstanden.«

Ein zwanghafter Umgang mit religiösen Geboten und Verboten, der keineswegs typisch ist für den Normalfall, gibt es bei so gut wie allen Religionen. Die meisten erlassen Reinheitsvorschriften für den Alltag oder für besondere Anlässe.

So verlangt der jüdische Glaube, dass Gerichte auf der Basis von Milch streng von Fleischprodukten getrennt werden. Vor dem Paasahfest muss Brot aus jeder Wohnung entfernt werden. Schon Wochen zuvor wird sie deshalb gründlich gereinigt. Jüdischen Therapeuten, meist aus den USA, haben festgestellt, dass diese und andere Vorschriften ein Riesenproblem für zwanghafte Gläubige sein können. Das scheint seit langem bekannt zu sein, denn der älteste Kommentar zum jüdischen Gesetz, die Mishwa, enthält folgende Passage:

»Man muss sich keine Sorge über die Möglichkeit machen, dass eine Ratte aus einem noch nicht gereinigten Raum einen Brotkrümel in einen schon gereinigten einschleppen könnte. Warum nicht? Wenn man sich mit einem solchen Gedanken beschäftigt, warum dann nicht auch befürchten, dass auch ein Krümel von einem Haus in ein anderes gelangen könnte, von einer Stadt in eine andere und so weiter. Auf diese Art könnten wir die Angelegenheit nie zum Abschluss bringen.«

Gerade in den Vereinigten Staaten gibt es viele Psychotherapeuten, die sich darauf spezialisiert haben, Personen, mit religiösen Skrupeln zu helfen.

Irrungen, Wirrungen des Gewissens.

Zum Schluss eine kleine Anekdote, Martin Luther betreffend:

Auch er litt angeblich häufig unter starken Gewissensängsten. Als er wieder mal eine Beichte nicht zum Abschluss bringen konnte, wurde der Beichtvater ärgerlich und herrschte ihn an:

»Mensch, Gott ist nicht böse auf dich, aber du bist scheinbar böse auf Gott! Weißt du denn nicht, Kerl, dass Gott dir befiehlt zu hoffen!«

m. Stra-B 98

Seht ihr mich über Wiesen ziehen, die steif und tot vom Nebel sind? Seht ihr mich angstvoll drüberziehen?
Robert Walser

Mit Straßen-Bahn 98. Die letzte Tagebucheintragung des jungen Matthias, 27 Jahre alt, in seinem Tagebuch. Seit Jahren registriert er jeden Tag lückenlos die wichtigsten Aktivitäten und Ereignisse. Mit der Zeit wurde seine Schrift immer kleiner und filigraner, bis sie praktisch nur noch mit der Lupe zu lesen war. Je feiner und dünner die zum Schluss nur mehr mit aberwitzig gespitzten Bleistiften machbaren Schriftzüge wurden, desto schöner wurde das Gesamtbild: Geheimnisvolle Zeichen in endloser Folge, bis sie jäh abbrachen am 30. September.

Am 30. 09. 1993 kam Matthias vom Fußballtraining nach Hause (m. Stra-B 98), begrüßte die Eltern, die beim

Abendbrot saßen, legte seine Trainingssachen schön ordentlich über einen Stuhl und ließ Wasser in die Wanne. Dann schloss er einen Föhn an, vergewisserte sich, dass eine eventuelle elektrische Entladung vom Stecker aus nichts in Brand setzen könnte, legte sich in die Wanne, ergriff den Föhn und warf ihn ins Wasser.

Weil er so lange vom Tisch fern blieb, suchten ihn die Eltern schließlich. Er lag tot in der Wanne, ein friedvolles Lächeln auf den Lippen, wie die Eltern berichteten. Sie haben mich vier Monate später aufgesucht und mir die Tagebücher mitgebracht. Sie wollten mit mir über ihren Sohn reden, den ich nicht gekannt habe. Ich veröffentliche dies auf ihren ausdrücklichen Wunsch.

Matthias sei ein ernster, aber freundlicher Junge gewesen. Er nahm es sehr genau mit seinen Pflichten, in der Schule und beim Sporttraining, konnte aber daneben auch fröhlich und ausgelassen sein. Nach dem Abitur, das er ohne allzu großen Aufwand bestand, schrieb er sich an der Freien Universität Berlin in Metereologie ein. Er hatte die letzten sechseinhalb Jahre den Eltern über ein undramatisches, aber alles in allem erfolgreiches Studium berichtet. Er ging jeden Morgen aus dem Haus, zur Uni im Wesentlichen, regelmäßig auch zum Training. Er kam nachmittags zurück, etwas wortkarg zwar, den Studienbetrieb betreffend, gab aber auf Fragen bereitwillig Auskunft. Seine Abschlussprüfung sollte am ersten Oktober 1993 sein. Er würde es schon schaffen, beruhigte er die Eltern.

Nach seinem Tode fanden die Eltern die Tagebücher. Aus den Eintragungen geht hervor, dass er seit fünf Jahren die Universität bis auf zwei- oder dreimal nicht betreten hatte. Eine Nachfrage an seinem Institut ergab, dass er nie einen Seminarschein abgelegt hatte und seit Jahren von niemandem gesehen worden war.

»Mittwoch, 29. 09.:9.40 los 19.00 zu v. m. Schw.,l. K. M. s.Bf., s, Schillerpk. m. Theater, Sprembg-str. (Fußg.zone), Alter Markt (sehr gut) u. genauso zur., Tauberts. b. z. Bf. Cottbu. | zur. m. »IR«-Zug ohne Zuschlag b. Bf. Lichtbg (SED-«Opa« i. Abteil!)

M: Cottbus: ü Bf Lichtebg zum, v. Bf. Cottb., Stadtbu.-Süd., Stadtring, Stadion, Eliaspl (m. kl. Eisenb.), Spreeuferweg (östl. i. k V.), Spreewdmühle, Schlachthofs., Bonnaskenpl., Hubertstr., Huz. an. v.S.BSav., Kud.Ma-Arzt Röntg-Photos 9 holt b.n.h. gelauf ü.Kud.«

Die Eintragungen der letzten Jahre: im Wesentlichen Autobuslinien, U-Bahn- und S-Bahnstrecken, zuerst in Berlin-West, dann in Gesamt-Berlin, bis ins Umland, auch einmal mit dem Zug bis zur polnischen Grenze. Unablässlich unterwegs von morgens bis abends, kurze Aufenthalte, hier der schnelle Besuch in einer Bibliothek, da eine Besorgung für die Mutter und dann wieder Strecken. Ganz selten ein Kommentar, der über die Registrierung der Route hinausgeht (SED-«Opa« i. Abteil!). Dann geht es weiter: Spreeuferweg (östl. i.kv.), Spreewdemühle, SchlachthofS., Bonnaskenpl . . . Der Zug rast, die Zeit auch, die Abkürzungen werden immer zahlreicher, in mehreren Schichten übereinander füllen sich die schmalen Spalten des Kalenders mit den Stationen eines infernalen Karussels, bis Stra-B 98.

Er nahm es sehr genau mit seinen Pflichten. Sicherlich hat er auch sein Studium mit dieser Einstellung begonnen. Wann und wie er an der Gleichgültigkeit und Einsamkeit des Studienbetriebs gescheitert ist, wissen wir nicht. Er hat mit niemandem darüber gesprochen und auch keine Aufzeichnungen darüber gemacht. Vielleicht hat er erst einmal beschlossen, eine Pause einzulegen, von einem Semester oder zwei, und verschwieg es den Eltern, um sie nicht zu alarmieren. An der Stelle wird ein Teil seines Lebens zum Ritual. Jeden Morgen verlässt er als Student das Haus und kehrt am Abend als Student zurück. Kein innerer Zusammenbruch zu der Zeit, keine Niedergeschlagenheit, zumindest nichts, was der Familie hätte auffallen müssen. Doch die Pause wird länger und länger. Irgendwann wird er gewusst haben, dass sie endgültig ist. Doch der »Arbeitstag« wird lückenlos ausgefüllt, kein Herumsitzen, er reist. Er reist durch die Stadt und um die Stadt herum. Immer wieder und immer wieder. Sicherheit dabei geben ihm Fahrpläne, denen er sich nun endgültig zuwendet. Sie sind genau. Eine Station folgt der anderen, in der vorgegebenen Reihenfolge, in Wirklichkeit, wie auf Papier. Kontrolle erlangt man durch sie, auch über das eigene Leben. Wird jeder Schritt am Abend festgehalten, so ist die Lücke im Tagebuch bis in den letzten Winkel ausgefüllt. Der Tag gilt dann als ordentlich gelebt.

Die Beziehung zur Familie ist herzlich, gelegentlich ein beruhigendes Wort über das Studium, kein Grund, sie vor den Kopf zu stoßen und ein Chaos anzurichten. Matthias mag gedacht haben: Wie undelikat könnte doch Aufrichtigkeit sein.

Das Arbeitsleben? Immer schnellere und größere Kreise um die Stadt, die S-Bahn rattert, immer größere und schnellere Kreise um das eigene Ich.

Fahrpläne sind genau. Auf sie ist Verlass. Sie bringen einen sicher an einen Ort und dann an einen anderen Ort, wo man umsteigen kann zu einem weiteren Ort. Ich komme an, auf mich ist Verlass. Und dann jeden Morgen, Aufbruch zu neuen Horizonten. Die anderen, (SED-»Opa« i. Abteil!), nun sind sie Mitreisende. Sie wissen es bloß nicht. Es ist gut, Mitreisende zu haben. Sie sind da, können einem aber nicht in die Seele schauen.

Der Zwang, sich zu bewegen, von Ort zu Ort, nirgends lange zu bleiben, hat sich verselbständigt. Die Stationen des Lebens sind Stationen geworden. Ist die Angst an der einen, fahr ich zur anderen.

Wann der Entschluss zum Suizid gefallen ist, wissen wir nicht. »Eine solche Tat«, so Camus, »bereitet sich in der Stille des Herzens mit demselben Anspruch vor wie ein bedeutendes Werk.«

Die Abschlussprüfung naht, doch alles ist so weit weg. Nichts ändert sich, auch am letzten Tag nicht.

Donnerstag, 30. 09..

12.45 los, (Aussetzer!) z, 913. (m): kurz Dortnstr. Brbg. s. Cecilienpl. m. Stra-B 98 zur bs-Bstr. 6.30

Mu z. Ar,m dabei f. M etw eink.geg./ M.v, S-B Grub., Virchows., K. M.s., Pla Babelsbg. Uferw.,Humbr.ring, b. Lange Brü, m. Stra-B 98

Stra-B 98 ist nicht die letzte Eintragung in Matthias Kalender. Etwas abgesetzt dahinter, hat er einen winzigen Föhn gezeichnet. Er nahm es sehr genau mit seinen Pflichten.

Veränderbarkeit der zwanghaften Persönlichkeit

Aber man lag herum, abgeschabt, Ausverkauf, richtiger Verschleiß
und nun für vierhundert Mark
Quaderrisse
Felsensprengungen
die Adern leuchten
pures Gold
Bauxit
Gottfried Benn

Wir kommen zum Ende unserer Betrachtung der Innenwelt und der Lebensweise zwanghafter Menschen. Am Beispiel des amerikanischen Astronomen Sandage haben wir vor allem ihre positiven Seiten kennen gelernt, die Leistungen, die sie vollbringen können und die gesellschaftliche Anerkennung, die ihnen dafür zuteil wird. Am anderen Extrem haben wir Verhaltensweisen vorgefunden, die wir als kritische Beobachter nicht mehr dem Bereich des Normalen zuordnen können. An der Stelle sprechen wir von einer zwanghaften Persönlichkeitsstörung. Doch auch dabei haben wir es meist noch mit Menschen zu tun, die voll im Leben stehen; sie sind berufstätig, haben Familie, Bekannte und so weiter. Ihre Anpassung an die Realität ist noch so gut, dass wir sie unter keinen Umständen als psychotisch, verrückt oder geisteskrank bezeichnen dürfen.

Menschen wie Herr Schwarz oder Ansgar B. haben zwar oft den Eindruck, dass ihr Leben mühselig, sorgenvoll, ja qualvoll sein kann. Sie machen aber, und das mag auf den ersten Blick verwundern, nicht ihre zwanghafte Art dafür verantwortlich. Im Gegenteil, in ihr sehen sie noch das, was sie über Wasser hält und ihnen ermöglicht, im »Lebenskampf« zu bestehen. Sie verursacht in der Regel keinen Leidensdruck, wie wir es im psychtherapeutischen Jargon nennen. Wenn sie sich unwohl fühlen, suchen sie die Ursachen dafür meist außerhalb der eigenen Person. Die anderen verhalten sich unkorrekt, haben kein Verständnis für ihre guten Absichten, die Gesellschaft ist korrupt, oder die Welt ist einfach schlecht.

Die zwanghafte Persönlichkeit kommt einem manchmal vor wie eine Festung:

Sie ist so angelegt, dass es sehr schwer ist, in sie einzudringen. Doch die Mauern sind so dick und so lückenlos verschlossen, dass die Verteidiger sich wie in einem Kerker vorkommen. Nach draußen dürfen sie in den seltensten Fällen: Das Risiko wird als zu hoch eingeschätzt. Im Gegenteil, das Mauerwerk wird ständig verstärkt und ausgebaut. So kann es passieren, dass die Verteidigungswälle einmal unter ihrem eigenen Gewicht zusammenbrechen.

Nun möchte ich nicht behaupten: Hier steht die Festung, keine Tartaren weit und breit. So licht ist die Welt nun auch wieder nicht. Aber eine flexiblere Verteidigungsstrategie hätte viele Vorteile. Das führt uns zu der Frage: Sind zwanghafte Menschen veränderbar, und wenn ja, wie?

Man kann diese Frage meiner Meinung nach mit einem vorsichtigen Ja beantworten. Vorsichtig deshalb, weil eine Anzahl von besonderen Bedingungen dabei zu bedenken sind, auf die ich kurz eingehen will. Man muss von vorne herein zwei Kategorien von Betroffenen unterscheiden. Bei einigen von ihnen hat das Zwangsdenken und das daraus resultierende Verhalten eine solche Dichte erreicht, dass sie an den Rand der Lebensunfähigkeit gelangt sind. Ein typisches Beispiel ist der Herr, der seine »Rolle« für den nächsten Tag immer wieder mühsam geradezu »einstudieren« muss. Hier haben die Schwierigkeiten der Lebensbewältigung ein solches Ausmaß erreicht, dass freiwillig Hilfe aufgesucht wird. Wendet er sich an einen Psychotherapeuten, so wird er sicherlich als »schwieriger Patient« gelten, aber seine Bereitschaft, etwas zu verändern, ist vorhanden.

Doch nehmen wir einen Menschen wie Herrn Schwarz. Er ist erfolgreich, darüber besteht kein Zweifel. Seine beruflichen Qualitäten sind real, sein Fleiß und seine Ernsthaftigkeit machen ihn zu einem effizienten Verwalter seines Amtes. Unbeliebt zwar, aber sicherlich gefürchtet und deshalb auch »motivationsfördernd« bei seinen Mitarbeitern. In seiner Familie regiert er, wie ich es geschildert habe, ohne zu übertreiben. Von der Ehefrau und dem Sohn hat er erst einmal keine großen negativen Sanktionen zu befürchten. Über die Langzeitwirkung seiner Art auf die anderen sollten wir uns allerdings keinen Illusionen hingeben. Hinzu kommt, dass Herr Schwarz völlig davon überzeugt ist, richtig zu handeln. Im Einklang mit den höchsten moralischen Prinzipien (siehe die »Wertzentren«) ist er felsenfest davon überzeugt, dass seine »Dienstanweisung zum rechten Gebrauch der Heizung« einen letzten Hort der Sicherheit bietet, zur Rettung ansonsten verloren auf der Erde umherirrender blasser Gestalten. Herr Schwarz, wenn alles wie gewohnt verläuft, wird nie von sich aus einen Therapeuten aufzusuchen mit der Klage: Bei mir läuft etwas schief. Helfen Sie mir neue Wege zu finden, damit ich mit dem Leben besser fertig werde.

Es sei denn, es passiert etwas Außergewöhnliches, wie das, was Herrn Schwarz widerfahren ist. Mit 18 Jahren entwickelte der Sohn eine Zwangserkrankung. Ich werde noch darauf zu sprechen kommen. Die Ehefrau nahm das zum Anlass, nun auch offen gegen ihren Mann zu rebellieren und ihn in einigen Punkten einfach den Gehorsam zu verweigern. Bei einem solchen Zusammenbruch des ganzen Systems kann auch der Zwanghafte dazu kommen, einige Aspekte seiner eigenen Lebensphilosophie und seines Verhaltens anderen gegenüber zu überprüfen.

Eine andere Möglichkeit, wie ein solches System zeitweilig zusammenbrechen kann, habe ich in der Schilderung von Ansgar B. angedeutet. Ihn traf plötzlich und unvorbereitet etwas, mit dem er schwer umgehen konnte und das ihn richtiggehend überwältigte, ein starkes Gefühl, nämlich Liebe. Sie schaffte in kurzer Zeit das, was auch dem besten Therapeuten kaum gelungen wäre. Sie brachte ihn dazu, sein ganzes Wertesystem und sein Gewohnheitsnetz in Zweifel zu ziehen. Der Preis dafür war Niedergeschlagenheit, eine Depression geradezu, in seinem Falle. Doch dann sah er die Unmöglichkeit einer Erfüllung seiner Liebe ein. Er befand, dass er in seinem Alter nicht mehr die Kraft haben würde, diesen verschütteten und nun so jäh aufgebrochenen Bereich seiner Seele weiter, sozusagen als Wunde, offen zu lassen, in der Hoffnung auf eine spätere Erfüllung. Nach der Depression glitt er allmählich wieder in die alte Lebensweise zurück. Hier wird deren Schutzfunktion noch einmal deutlich:

Abwehr nach innen, Neutralisierung unkontrollierbarer und oft schmerzhaft unerfüllter Bedürfnisse. Abwehr nach außen, der Verstand findet wieder sein Recht, auf ihn ist Verlass, er regelt, normiert und schirmt ab. Ich sage das ganz deutlich: Eine solche »unbewusste Entscheidung« ist unbedingt zu respektieren. Niemand hat das Recht, durch seinen Einfluss, durch Druck oder wie auch immer, bei dem Menschen etwas zu zerstören, ohne sicher zu sein, ihm zu etwas Besseren verhelfen zu können. Und dennoch, wer eine solche »Rückentwicklung« beobachtet, bedauert sie, und es bleibt ein Gefühl der Ohnmacht zurück. »Ein Grab ist doch immer die beste Befestigung wider die Stürme des Schicksals«, hat Lichtenberg einmal bösartig bemerkt. Eine zwanghafte Persönlichkeit ist offenbar eine der nächstbesten, müssen wir wehmütig feststellen.

Doch zurück zu meiner Aussage, auch eine Charakterpanzerung wie die des Zwanghaften sei grundsätzlich veränderbar. Wo lässt sich am besten ansetzen?

Wir wissen aus der modernen Psychotherapie, der Verhaltenstherapie, dass die gedanklichen Systeme eines Menschen, einen guten Ansatzpunkt bilden. Dadurch lassen sich nicht nur die Gedanken selber, sondern auch Gefühle und Verhalten verändern. Gedankliche Instanzen steuern die Art, wie die Dinge aufgefasst und beurteilt werden. Sie liefern Ziele und Normen, geben Richtlinien beim Handeln und sanktionieren als Gewissen die Taten. Wir kennen das strenge und starre System Zwanghafter in dieser Hinsicht. Es ist für die krampfhafte und sorgenvolle Art, mit der er sein Leben zu bewältigen sucht, verantwortlich. Unsicherheit, Pessimismus und Festhalten an inneren Richtlinien, die letzten Endes der Wirklichkeit wenig gerecht werden, sind weitere Folgen. Gelingt es ihm, durch besondere Lebensumstände oder etwa mit therapeutischer Hilfe an dieser Stelle »lockerer« zu werden, so wird das weit reichende Konsequenzen für sein ganzes Leben haben. Ich möchte das kurz an einigen Beispielen verdeutlichen.

Einer meiner Patienten, ein sehr ernsthafter und strenggläubiger Mensch, erlitt einen schweren depressiven Zusammenbruch, weil er einmal in einer Extremsituation seiner Frau untreu geworden war. Sie hatte ihm längst vergeben, doch sein Gewissen ließ ihn nicht mehr los. Er bekam von mir die Aufgabe, seine inneren Richtlinien diesbezüglich zu erforschen und kam dann auf Regeln wie: Jede Sünde und jeder Fehler werden unerbittlich von Gott bestraft. Ich habe ein Gelübde, nämlich treu zu sein, gebrochen. Dadurch habe ich jeden Anspruch auf Achtung seitens meiner Familie und auf Selbstachtung verloren und so weiter.

Ich regte an, er solle sich mit Hilfe eines Priesters noch einmal mit der Heiligen Schrift auseinander setzen, um zu prüfen, ob seine Sichtweise der Dinge, die einzig vertretbare sei. Am Ende eines längeren Überlegungsprozesses änderte dann schließlich der Patient seine Regeln auf die folgende Art:

In der Bibel steht: »du darfst nicht ehebrechen«, aber Jesus sagt auch in der Geschichte mit der Ehebrecherin: »Wer ohne Fehl ist, der werfe den ersten Stein.« Ich kann hoffen, dass Gott auch mir vergibt. Wenn ich meine Fehler wieder gutmache, habe ich keine strenge Strafe zu erwarten und so weiter.

Innerhalb desselben Wertsystems, des christlichen Glaubens, war es dem Patienten gelungen, seine Normen zu differenzieren, und ihnen einen Teil ihrer Rigidität und Unerbittlichkeit zu nehmen. Das Ergebnis war eine deutliche Stimmungsaufhellung. Er wurde wieder unternehmungslustiger und konnte fortan mit einer größeren inneren Freiheit an die Dinge herangehen.

Ein anderes Beispiel:

Ein Unternehmer, der sich durch seine Zwanghaftigkeit immer mehr eingeengt fühlt, vertritt den Leitsatz:

»Ich muss allen mit gutem Beispiel vorangehen und darf vor allem keine Zeit verlieren. Jede Minute der Arbeitszeit muss unbedingt dazu dienen, etwas Nützliches zu schaffen.«

Man kann sich vorstellen, in welchen Spannungszustand ein solcher Mensch allmählich gerät. Er litt dann auch an chronisch schlechter Stimmung, bekam diverse psychsomatische Beschwerden und wurde immer unleidlicher, in der Firma wie zu Hause. Hätte ich ihm direkt verordnet, die Dinge leichter zu nehmen, Pausen einzulegen, sich öfters mal eine Stunde freizumachen und dergleichen mehr, so wäre dadurch sein Widerstand nur angestachelt worden. Er hätte dagegen argumentiert, mit seiner Verantwortung für die Arbeitsplätze der Belegschaft, mit der schlechten Geschäftslage und so weiter – alles ehrbare Gründe, aber bloß an der Oberfläche. In Wirklichkeit ist sein hypermoralisches Zwangsdenken für sein Verhalten verantwortlich. Nur keinen zollbreit ab vom Weg der Pflicht, es wäre ein gefährliches Sich-Gehen-Lassen. Nur wenn ich ständig Leistung bringe, habe ich eine Daseinsberechtigung. Es gibt also keinen Widerspruch zwischen seiner tief liegenden inneren Unsicherheit und den scheinbar unerschütterlichen Dogmen, die er nach außen vertritt. Letztere sind nur da, um sie zu kompensieren.

In solchen Fällen, wo ein direkter »Angriff« auf das zwanghafte System wenig erfolgreich erscheint, führt oft ein indirekter Weg zum Ziel. Schlagen wir ihm doch ein Experiment vor. Während zwei Wochen (in so kurzer Zeit kann er die Firma nicht ruinieren) soll er seinen Lebensstil etwas ändern: Gelegentlich eine Pause, zweimal in der Woche anderthalb Stunden nur für ihn (was könnte er tun?), etwas Musik anhören zwischendurch im Büro und so weiter. Ein Experiment bedeutet, dass niemand sicher weiß, wie es ausgehen wird. Vielleicht wird er neue Erfahrungen machen, vielleicht aber auch die Bestätigung finden, dass seine bisherige Vorgehensweise die einzig Richtige war. Man verzichtet auf jede Rechthaberei gegenüber dem Patienten, das Leben wird entscheiden. Am Ende der beiden Wochen wird gemeinsam ausgewertet.

Verläuft der Versuch in unserem Sinne erfolgreich, so berichtet er vielleicht: Am Anfang war er sehr ängstlich, etwas zu versäumen, und ihm war nicht sehr wohl in seiner neuen Rolle. Weil er sich aber an seine Zusage gebunden fühlte, machte er weiter, und bald danach traten Empfindungen auf, die er schon lange nicht mehr verspürt hatte.

Er war alles in allem entspannter und sein Arbeitstag schien bunter, weil er sich zwischendurch etwas bewegte, Freude an der Musik empfand und auch einmal bewusst Bäume und Ähnliches wahrnahm. Er machte die Erfahrung, dass die Firma trotzdem weiterlief. Er fing an zu überlegen, ob sein Leben bislang nicht etwas einseitig war, ob es nicht auch andere Werte gibt als Leistung und so weiter.

Auf die Art kann ein Umdenkprozess in Gang gesetzt werden, der langsam seinen Weg macht. Verbessert sich die innere Lage dadurch und wird die Entwicklung auch noch von außen unterstützt, so mag am Ende in der Tat so etwas wie eine Persönlichkeitsveränderung stehen. Doch viele Erfahrungen dieser Art sind dazu erforderlich. Das Ergebnis kann sein: Weniger Pessimismus, weniger zwanghafte Kontrolle, weniger Sorge, größere Experimentierfreudigkeit, mehr Gelassenheit, ein innigeres Verhältnis zu anderen, mehr Selbstvertrauen vor allem.

Emanuel Lasker, der 27 Jahre Schachweltmeister war, hat einmal gesagt: »Seine Figuren entwickeln und dann auf ihre Wirkung vertrauen, das ist kein schlechter Grundsatz, nicht nur beim Schach.«

Sein großer Rivale damals war Siegbert Tarrasch, ein Nürnberger Arzt, Praezeptor Germaniae, in Schachkreisen genannt. Er vertrat beim Schach die »reine Lehre«. Er baute auf »eherne Prinzipien«. Wenn er sie nur anwende, so könne er nicht verlieren. Vor einem Wettkampf wollte ihm Lasker versöhnlich die Hand reichen, aber Tarrasch blieb steif stehen, verbeugte sich und sagte: »Ihnen, Herrn Dr. Lasker, habe ich nur drei Wörter zu sagen: Schach und Matt!«

1908 kämpften Lasker und Tarrasch um die Weltmeisterschaft. Lasker gewann acht zu drei.

Für seine Niederlage machte Tarrasch das Seeklima verantwortlich. Die Begegnung fand in Düsseldorf statt.

Die Zwangskranken

Sie gehen umher, entwürdigt durch die Müh,
sinnlosen Dingen ohne Mut zu dienen,
und ihre Kleider werden welk an ihnen,
und ihre schönen Hände altern früh.
Rainer Maria Rilke

Zwangserkrankungen

Bei der Beschreibung der zwanghaften Persönlichkeit haben wir Menschen kennen gelernt, denen alle eine gewisse Lebensphilosophie gemeinsam ist. Sie ist keineswegs von vorneherein als unsinnig oder ungesund zu bezeichnen. Nur in ihren Auswüchsen wird die Grenze zum Krankhaften deutlich überschritten.

Bei den Zwangserkrankungen haben wir es dagegen mit seelischen Störungen zu tun. Sie können mehr oder weniger gravierend sein, wir sehen aber darin in keinem Falle bloß übersteigerte Varianten einer an sich brauchbaren Art zu leben. Wir haben es dabei mit Menschen zu tun, deren Verhältnis zu sich selber und zur Welt deutlich gestört ist. Eben deshalb bezeichnen wir sie, dem heutigen Verständnis zufolge, als psychisch krank. Andererseits sind ihre seelische Verfassung und ihre Art zu leben nicht so beeinträchtigt, dass sie überhaupt nicht mehr in der Lage wären, sich angemessen zu verhalten. Sie sind oft fähig, ihren Beruf auszuüben oder befriedigende Beziehungen zu anderen zu unterhalten. Ihre Störungen sind daher nicht dem Bereich der Psychosen zuzuordnen. Früher hätte man davon gesprochen, dass sie an Neurosen leiden, aber dieser Begriff wird heute, und das aus guten Gründen, kaum noch gebraucht.

All diesen Störungen ist das Erlebnis des Zwanges gemeinsam. Was ist darunter zu verstehen?

Selbst Menschen mit einer zwanghaften Persönlichkeit, denen wir aus unserer Sicht in vielen Fällen doch recht extreme Einstellungen und Verhaltensweisen attestiert haben, leben dennoch so im Einklang mit ihnen, dass sie sie als voll und ganz zur eigenen Person gehörig erleben. Umso mehr sind wir in unserem täglichen Leben meist im Einklang mit uns selber. Auf dem Hintergrund unserer persönlichen Geschichte und unter dem Einfluss der Situation, in der wir stecken, leben wir unser Leben. Die Gedanken, die uns durch den Kopf gehen, die Empfindungen, die wir verspüren, und erst recht das, was wir tun, erleben wir als das Unsrige und wir stehen dazu. Wir können unter äußerem Druck auch einmal etwas tun, was wir nicht wollen, oder wir mögen im Nachhinein feststellen, dass wir uns an der einen oder anderen Stelle geirrt haben. Unser Erleben aber ist in der Regel ganzheitlich, wir sind so, wie wir sind.

Ganz anders ist das Erleben von Zwangskranken. Hier einige typische Äußerungen:

– Ich sehe ja jeden Abend, dass der Gasherd aus ist, aber ich kann nicht aufhören, an den Knöpfen herumzudrehen, immer wieder und immer wieder.

– Ich könnte nie die Straße überqueren, wenn ein Leichenwagen vorbeigefahren ist. Ich müsste meine Schuhe ständig reinigen oder gleich wegwerfen. So bin ich manchmal gezwungen, den größten Umweg in Kauf zu nehmen.

– Der Gedanke, ich könnte im Gerichtssaal mitten in meinem Plädoyer mich plötzlich ausziehen, verfolgt mich Tag und Nacht. Ich weiß, dass es Quatsch ist, aber ich werde diese entsetzliche Vorstellung nicht los.

Die Erlebnisse, die hier von Betroffenen beschrieben werden, sind uns weit gehend unbekannt, abgesehen von harmlosen Spielarten wie der Melodie, die uns nicht aus dem Kopf will. Es ist noch am ehesten mit dem zu vergleichen, was wir bei der Behandlung der zwanghaften Persönlichkeit als Sorgen kennen gelernt haben, geht aber deutlich darüber hinaus. Wenn wir uns um etwas sorgen, so stellen wir uns zukünftige negative Ereignisse vor: Ich könnte bei der Prüfung durchfallen, ich riskiere eine schwere Krankheit, oder vielleicht geht meine Beziehung bald in die Brüche.

Gleichzeitig suchen wir in Gedanken immer wieder nach Möglichkeiten, die befürchteten Ereignisse zu verhindern, oder wir wollen die Zuversicht erlangen, dass sie erst gar nicht eintreten.

Sorgen betreffen reale Lebensprobleme. Sie mögen Außenstehenden vielleicht übertrieben vorkommen, sie sind aber auch für sie nachvollziehbar und behalten den Bezug zur Wirklichkeit. Ist die entsprechende Angelegenheit gut verlaufen, dann hören die Sorgen meist auf. Zwanghaft wiederkehrende Gedanken oder Befürchtungen hingegen »Ich könnte mit Hundekot in Berührung gekommen sein, ich könnte aus Unachtsamkeit ein Kind verletzt haben«, und so weiter beziehen sich in der Regel auf einen relativ eingeschränkten Bereich. Er ist charakteristisch für die jeweilige Störung des Betrofffenen und ist für Außenstehende in dieser Brisanz überhaupt nicht mehr einfühlbar: Wie kann man sich den ganzen Tag mit Hundekot beschäftigen?

Vor allem aber veranlassen diese Gedanken die Zwangskranken zu einem Verhalten, wie ständigem Waschen, Kontrollieren oder dergleichen mehr, das völlig übertrieben und unangemessen erscheint. Es liegt deutlich außerhalb des Bereichs der »normalen« Vorsichtsmaßnahmen. Zwangskranke aber werden immer wieder entgegnen: Ich kann nicht anders. Weder gegen diese Gedanken noch gegen diese Gefühle kann ich mich wehren, auch wenn sie noch so abwegig erscheinen. Ich muss dann entsprechend handeln, um wenigstens einigermaßen dagegen anzukommen. Darin besteht das Erlebnis des inneren Zwanges, des grundlegenden Merkmals aller Zwangserkrankungen.

Ich will versuchen in aller Kürze die Entstehung einer Zwangserkrankung, wie sie sich für den Betroffenen darstellt, nachzuzeichnen.

In einer bestimmten Lebensphase, meist vor dem 25. Lebensjahr, tauchen gehäuft Gedanken und Vorstellungen auf, die einen ausschließlich negativen Charakter haben. Beispiele sind: Ich könnte etwas auf der Straße übersehen und dadurch jemanden in Gefahr bringen. Ich könnte mit Krebs erregendem Schimmelpilz in Berührung kommen und ihn weiterverbreiten, und so weiter. Bislang hat dieser Gedanke kaum eine Rolle gespielt, erlangt aber nun eine enorme Bedeutung. Manchmal vollzieht sich die Entwicklung mehr schleichend, oft erfolgt aber auch der Einbruch der Gedanken mit großer Wucht, praktisch von einem Moment zum anderen. In allen Fällen erleidet die Person den Zwang, etwas gegen das befürchtete Unheil zu unternehmen. Ist zum Beispiel ein Kontakt mit einem gefürchteten Objekt wie einer Türklinke, die in der Vorstellung mit Schimmelpilz verseucht sein könnte, erfolgt, so muss die Reinheit des eigenen Körpers durch wiederholtes Händewaschen wiederhergestellt werden. In anderen Fällen gilt das Unheil als noch nicht erfolgt: Ich kontrolliere die Straße, um ganz sicher zu gehen, dass ich nichts übersehen habe, wie einen Nagel, an dem ein Kind sich verletzen könnte.

Auf der einen Seite stehen also zwanghaft auftretende Gedanken, begleitet von unangenehmen Gefühlen wie Unruhe, Angst oder Ekel, auf der anderen Seite glaubt der Kranke etwas unternehmen zu müssen, um die damit verbundene Gefahr abzuwenden. Das ist die allgemeine Struktur von Zwangserkrankungen.

Wir werden viele Beispiele näher untersuchen. Doch zuerst möchte ich noch ein paar Bemerkungen machen zum Zusammenhang zwischen der zwanghaften Persönlichkeit, wie wir sie kennen gelernt haben, und den Zwangserkrankungen, die wir jetzt behandeln.

In einigen Fällen kann man davon ausgehen, dass die Symptome einzelner Zwangserkrankungen noch einmal stark übersteigerte Merkmale der zwanghaften Persönlichkeit sind. Sie gehen dann aber deutlich über das hinaus, was wir schon kennen. Bei den meisten Zwangserkrankungen können wir die Merkmale der zwanghaften Persönlichkeit nicht auffinden. Es ist also nicht so, dass Zwangserkrankungen immer auf dem Hintergrund einer zwanghaften Persönlichkeit entstehen.

Wir werden im Folgenden vier Typen von Störungen unterscheiden:

Kontrollzwänge, Berührungsängste und Waschzwänge, zwanghafte Langsamkeit und Zustände, bei denen Zwangsgedanken eindeutig das Bild beherrschen. Die meisten Betroffenen leiden vor allem an einer dieser Störungen, wobei allerdings auch unterschiedliche Varianten zusammen auftreten können.

Kontrollzwänge

Ganz vergessener Völker Müdigkeiten
kann ich nicht abtun, von den Lidern,
noch weghalten von der erschrockenen Seele
stummes Niederfallen ferner Sterne.
Hugo von Hofmannsthal

Über die Einsamkeit in der Haustür

»Wenn ich in der Haustür stehe, um die Wohnung zu verlassen oder sie zu betreten, ist mir als stünde ich zwischen zwei Welten. Aber das Entsetzliche dabei ist: die Welt drinnen und die Welt draußen, jede von beiden, bedroht mich gleichermaßen. Immer ist es der Gedanke, es könne durch meine Schuld etwas Entsetzliches passieren, etwas, was ich nicht wieder gutmachen kann. Ich versuche mit allen Mitteln gegen den Gedanken anzukämpfen, ihn mit aller Macht zu verdrängen. Ich beschimpfe mich selber als Verrückte, aber er frisst sich weiter durch mein Gehirn. Dann versuche ich mich ganz genau zu erinnern, wie es war draußen, wenn ich zurück in die Wohnung will oder drinnen, wenn ich sie verlassen möchte. Ich zermartere mir den Kopf, aber nie kriege ich die Sicherheit: du hast nichts übersehen, es war alles in Ordnung. Ich stehe seit 20 Minuten an der Haustür, komme mir so hilflos und verlassen vor, und die Angst steigt und steigt. Dann kapituliere ich meistens und kehre dorthin zurück, von wo ich gerade hergekommen bin. Und dann beginnt die zermürbende Qual *der Kontrollen.«* Das schreibt mir Frau Wandt, 45 Jahre und verheiratet.

Der Mann ist bei der Arbeit, und Frau Wandt wollte einkaufen.

Sie schließt die Haustür wieder auf. Fünf Minuten hat sie daran gerüttelt, um ganz sicher zu sein, dass sie verschlossen ist. Jetzt schließt sie wieder auf und betritt die

Wohnung. Die Stille hat etwas Bedrückendes. Sie macht sich an die Arbeit. Da sie heute nur zum Supermarkt will und nicht viel einzukaufen hat, wird sie höchstens eine halbe Stunde draußenbleiben. In der kurzen Zeit kann nicht allzu viel passieren, denkt sie. Ganz anders ist es, wenn sie länger von der Wohnung weg sein muss. Dann schätzt sie die Gefahr als bedeutend höher ein, und ihre Angst ist dementsprechend. Aber heute fasst sie einen Entschluss, der für sie fast etwas Heldenhaftes hat. Wenn sie schon noch einmal kontrollieren muss, so hat sie doch fest vor, nur zu schauen, ob alles in Ordnung ist. Sie weiß, wenn sie anfängt, die Dinge anzufassen, dann kommt sie sehr schwer los, und die Kontrollen dauern ewig.

Sie macht sich an die Arbeit. Zwei Gedanken haben sie heute an der Haustür beim Versuch einkaufen zu gehen besonders beunruhigt. Natürlich wäre es sicherer, noch mal alles nachzusehen. Aber dann würde sie nie fertig. Also nur die zwei Sachen, die sie besonders beunruhigen, und nichts anfassen! Sie fängt an mit der Tür zur Terrasse. Der Hebel steht senkrecht, also ist die Tür geschlossen, ist der erste Gedanke. Aber dann wird sie unruhig. Steht er auch wirklich ganz senkrecht? Sie schaut angestrengt hin, versucht sich die Linie des Horizonts unter dem Hebel vorzustellen. Steht er auch ganz senkrecht? Sie ist etwas von der Sonne geblendet, hat das Gefühl, nicht ganz scharf zu sehen. Ihre Sicherheit schmilzt dahin. Sie fängt an, halblaut zu murmeln: »Senkrecht – in Ordnung. Senkrecht – in Ordnung. Senkrecht – in Ordnung.«

Zeitweilig hatte sie aus Klebeband einen senkrechten Strich über der Türklinke angebracht. Wenn der Hebel genau in dessen Fortsetzung stand, fühlte sie sich etwas sicherer. Der Mann, der kein Verständnis für ihre »Macke« hat, hat ihn dann mehrmals entfernt. Sie schaut angestrengt hin, und alles kommt ihr verschwommen vor. Sie geht noch näher ran, mit den Augen ganz dicht an den Hebel. »Nun hör endlich auf, die Tür ist verschlossen.«

Sie schreit fast, dreht sich um und läuft geradezu aus dem Zimmer. Sie ist einigermaßen erleichtert, dass sie den verdammten Hebel nicht mehr anstarren muss. Die Tür ist in Ordnung, sagt sie sich noch einmal und dann: »Ich muss weitermachen. Jetzt kommt das Schwierigste.«

Sie geht zum Schlüsselbrett. Fast jedes Mal wenn sie die Wohnung verlässt, quält sie aufs Neue der Gedanke, sie könne aus Unachtsamkeit den Reserveschlüssel eingesteckt haben, oder er könne sonst wie in ihren Mantel oder in ihre Einkaufstasche gelangt sein. Sie kontrolliert beide vor dem Weggehen, aber das nutzt selten etwas. Die Vision ist dann immer die gleiche:

Sie verliert den Schlüssel, oder er wird ihr entwendet. Jemand geht dann während ihrer Abwesenheit in die Wohnung, bricht den Schrank auf, in dem ihr Mann seine äußerst wertvolle Briefmarkensammlung aufbewahrt und stiehlt sie. Sie hat sich nie getraut, mit ihrem Mann über die Angst zu sprechen. Sie will ihn nicht beunruhigen, denn sie weiß, wie viel ihm an der Sammlung liegt. Außerdem würde er sie bloß wieder verständnislos ansehen und denken: Langsam aber sicher fängt sie an zu spinnen.

Sie steht vor dem Schlüsselbrett und starrt auf die Stelle, wo der Ersatzschlüssel hängen soll. Sie sieht einen Schlüsselbund, und vor allem das rote Bändchen, das sie daran angebracht hat. Aber das Gefühl der Beruhigung will sich nicht einstellen. Das ist fast immer so. Sie sieht den Schlüsselbund, das rote Bändchen, aber irgendetwas hält sie fest. Am Brett hängen viele Schlüssel. Vielleicht hat sich das Band gelöst, ist heruntergefallen und ihr Mann hat es an einem anderen Schlüsselbund befestigt. In dem Moment, wo ihr dieser Gedanke kommt, zuckt sie ärgerlich mit den Schultern und sagt sich: »So ein Blödsinn.« Aber die Unruhe bleibt. Sie will sich umdrehen, die Spannung steigt. »Nur einmal nachzählen!« Sie weiß, der Ersatzschlüsselbund hat als Einziger fünf Schlüssel. Das wäre die Probe. Sie hatte sich zwar vorgenommen, nichts anzufassen, aber dann gibt sie resigniert nach. Sie greift hastig nach den Schlüsseln und fängt an, sie zu zählen. Eins, zwei, drei, vier, fünf, eins, zwei, drei, vier, fünf, eins zwei, drei, vier, fünf, eins, zwei, drei, vier, fünf und so fort. Sie zählt immer wieder bis fünf wie ein Automat und kann nicht aufhören. Das ist der Augenblick, vor dem sie so viel Angst hat. Sie zählt mindestens 15 bis 20 Mal, gibt sich dann einen Ruck, hängt den Schlüsselbund hin, drückt ihn mehrmals an den Haken, eilt dann zur Haustür, geht nach draußen, schließt sie ab und fängt an, daran zu rütteln. Ein paar Minuten wird es schon dauern.

Einsamkeit in der Haustür, leider nur Teil eins.

Jeder sagt sich im ersten Moment: So etwas kenne ich auch. Wer ist nicht schon einmal nach Hause zurückgekehrt, weil ihm der Gedanke gekommen ist: Hast du den Herd abgedreht, das Fenster geschlossen, die Kaffeemaschine abgeschaltet? Man sah kurz nach und war beruhigt. Aber bei Zwangskranken ist alles anders.

Kontrolliert wird im Normalfall dann, wenn eine deutliche Unheilserwartung auftaucht: Wenn ich den Herd nicht abgeschaltet habe, könnte es (trotz Sicherungen, denn vielleicht versagen sie) zu einem Wohnungsbrand kommen. Also besser nachsehen. Bei dieser Art von Kontrolle handelt es sich um vielleicht überspitzte Varianten normaler Vorsichtsmaßnahmen. Diese Befürchtung haben wir auch bei Frau Wandt am Beispiel der Fenster angetroffen, abgesehen davon, dass sie anders mit der Situation umgeht als wir. Aber daneben gibt es Ängste, die für Außenstehende kaum noch nachvollziehbar sind. Sie ist nicht in der Lage, die Wohnung zu verlassen und Zigarettenstummel, selbst die vom Vortag, im Aschenbecher zurückzulassen. Sie könnten nicht ganz gelöscht sein und die Wohnung entzünden. Sie traut sich aber auch nicht, die Stummel in die Mülltonne zu werfen. Auch so könnte eine Katastrophe entstehen. Die Kippen werden in einem kleinen Metallbehälter im Vorgarten zwei bis drei Tage aufbewahrt und dann erst in den Müll geworfen. Der Mann greift sich an den Kopf, hat aber resigniert, um weiteren Streit zu vermeiden. Bei Zwangskranken sind die Unheilserwartungen viel umfangreicher und breiter gestreut. Sie reichen von ganz vagen Befürchtungen (es könnte irgendetwas Schlimmes passieren.), über noch nachvollziehbare Ängste (ein Einbrecher könnte einsteigen.) bis hin zu Katastrophenphantasien, die außerhalb unseres Vorstellungsvermögens liegen. Auf der letztgenannten Ebene liegt die Sorge von Frau Wandt, die Schlüssel aus Unachtsamkeit mit nach draußen zu nehmen und damit die Briefmarkensammlung zu gefährden.

Zwangskranke haben oft geradezu das Gefühl, es ginge eine permanente Gefahr von ihnen aus, die sich an allen Ecken und Enden katastrophal auswirken könnte. Die ständig ins Bewusstsein einschießenden bedrohlichen Gedanken machen sich mal an dieser, mal an jener »Gefahrenquelle« fest. Wie ferngesteuert durch das eigene Gehirn eilt dann die Zwangskranke zum jeweiligen Ort der Bedrohung, um gerade noch das Schlimmste abzuwenden. Doch bei ihrer Rettungstat erlebt sie sich in einer denkbar schlechten Verfassung, um ihrer Verantwortung gerecht zu werden. Unfähig, rasch und klar Entscheidungen zu treffen (der Hebel steht senkrecht, also ist die Tür geschlossen), fühlt sie sich in der Situation wie auf einem sumpfigen Gelände, in das sie immer tiefer versinkt. Sie schaut hin und alles kommt ihr unklar und undeutlich vor. Der Hebel steht senkrecht, steht er senkrecht? Noch einmal hinschauen, aber sie fühlt sich wie abwesend, als sei sie nicht ganz da. Also, der Hebel, wie steht der Hebel? Welcher Hebel? Noch einmal nach dem Hebel sehen. Und so geht es weiter. In dieser Verfassung ist es nahe liegend, zu Hilfsmitteln zu greifen. Man kann den Hebel anfassen, ganz nach links drehen, dann muss die Tür zu sein. Also ganz nach links. War das ganz nach links? Also besser noch viermal. Aber immer noch kein Gefühl der Sicherheit. Also nochmals viermal.

An der Stelle wird deutlich, dass Zwangskranke in einer solchen Situation versuchen, ein Gefühl der Sicherheit in sich selber herzustellen. Erst wenn sie dieses Gefühl mit hinreichender Deutlichkeit verspüren, sehen sie die Gefahr als gebannt und sind in der Lage aufzuhören. Nur – das Gefühl der Sicherheit stellt sich schwer ein und mit der Zeit immer schwerer. Also greifen sie zu zusätzlichen Hilfsmitteln. Sie versuchen sich die eigene Wahrnehmung noch einmal verbal zu bestätigen: »Hebel senkrecht – in Ordnung.« Immer wieder. Eine Leidensgenossin von Frau Wandt sah sich in ihrer fortschreitenden Verunsicherung »gezwungen«, so gut wie jeden Kontrollhandgriff, und danach auch andere Handlungen, im Kopf »zurückzuspulen«, um halbwegs sicher zu gehen, dass sie ordnungsgemäß ausgeführt waren. Sie hat die Bettdecke gerade gezogen, steht in der Schlafzimmertür und gibt sich laut den Befehl: »Zurück! Zurück! Mit Beeilung! Tod! Tod!« Letzteres signalisiert, dass die Angelegenheit lebenswichtig ist. Dann erfolgt das Zurückspulen: »Wie bin ich ins Zimmer gelangt? Wo habe ich gestanden? Wo habe ich mit der rechten Hand die Decke angefasst? Wie gezogen, bis wohin? Wo lag die rechte untere Ecke der Decke?« Eine Tür knallt. Alles weg! Also nochmals. »Zurück! Zurück! Mit Beeilung! Mit Beeilung! Tod! Tod! Tod!« Die Stimme ist chronisch heiser, der verzweifelte Mann übernimmt der Reihe nach alle Verrichtungen, denn die Nachbarn schicken einen Beschwerdebrief nach dem anderen an die Hausverwaltung.

»Hebel senkrecht – in Ordnung.« Frau Wandt erinnert sich, wie die schreckliche Angst, etwas falsch zu machen, angefangen hat. Schon als Schulkind war sie sehr darauf bedacht, keinen Anlass, zur Kritik zu geben. Ihre Schulaufgaben erledigte sie immer gewissenhaft. Lehrer und vor allem der Vater erschienen ihr als überdimensionale Figuren, die sie sich nur mit drohender Gebärde vorstellen konnte. Die stets kränkelnde und klagende Mutter war da kein Gegengewicht, keine Hilfe. Frau Wandt erinnert sich an Zeremonien, die sie als junges Mädchen erfunden hatte, um Ordnung in ihrem Leben zu halten und um ihre Angst zu besänftigen. So ging sie nie ins Bett, ohne vorher die Fransen des Teppichs in ihrem Zimmer heimlich gerade gekämmt zu haben. Ihre Wäschestücke stapelte sie millimetergenau übereinander. Legte die Mutter etwas in den Schrank, musste gerade gerückt werden. Sie hatte das gar nicht gern. Oft öffnete sie den Schrank und schaute hinein, nur um erleichtert festzustellen: Es liegt alles richtig. Da aus Reinlichkeitsgründen kein Haustier gehalten wurde, hatte sie sich einen Gefährten, den Nasenbären, erfunden. Sie klagte ihm oft ihr Leid, und der Nasenbär zeigte Verständnis dafür, denn er hatte ebenfalls ein sehr schweres Schicksal hinter sich. Sie hatte ihn in einer verwahrlosten Tierhandlung erstanden, in der er in einem Käfig auf vergammelten Salatblättern und alten Zeitungen sein Dasein fristete. Seitdem war er ihr Gefährte. Der Nasenbär war ausgesprochen faul und unordentlich, fühlte sich aber pudelwohl dabei. Daneben war er zu allem Überfluss eitel und anspruchsvoll. Wenn ihm etwas nicht passte, neigte er sogar zu einer etwas proletenhaften Ausdrucksweise. Für all das beneidete sie ihn sehr. Wenn sie nachts aus Angst vor dem nächsten Tag, schlecht schlafen konnte, stand sie auf und kontrollierte noch einmal ihre Schulaufgaben. Manchmal zog sie auch alte Schulhefte hervor und hielt es nicht für ausgeschlossen, dass der Vater oder ein Lehrer sie nochmals inspizieren wollten. Da sie öfters wegen ihrer Handschrift gerügt worden war, zog sie einzelne Buchstaben, die ihr unordentlich erschienen, mit dem Federhalter nach. Der Nasenbär lümmelte in einer Ecke, sah aber feinfühlig weg. Als sie später ihren Mann kennen lernte und heiratete, war er plötzlich verschwunden. Die beiden wären sicherlich auch schlecht miteinander ausgekommen.

Am Anfang ihrer Ehe war Frau Wandt berufstätig. Sie war sehr ordentlich im Haushalt wie im Beruf, aber kein Vergleich zu heute. Dann eröffnete ihr der Mann, er habe nun eine leitende Position erreicht und sie müsse nicht mehr arbeiten. Da auch der Vater das ganz in Ordnung fand, wurde sie Hausfrau. Fortan glitt sie allmählich immer stärker in den Zwang. Hausfrauen gehen einkaufen.

Einsamkeit in der Haustür, zweiter Teil.

Es sind immer dieselben Gedanken, die Frau Wandt draußen quälen. Ihren Kampf mit dem Ersatzschlüssel haben wir erlebt. Aber das ist nicht alles. Plötzlich hält sie inne und sieht in ihrer Einkaufstasche nach. Ihr Mann bringt oft Akten aus dem Büro mit nach Hause. Undenkbar, wenn eine davon in die Handtasche geraten und herausfallen würde. Die soziale Vernichtung für die Person, über die Akte geführt wird, durch ihre Schuld. Nichts in der Tasche, man sieht so schlecht, als doch nichts. Aber vielleicht ist sie schon herausgefallen. Frau Wandt dreht sich um, versucht den zurücklegten Weg zu überblicken. Ist das da hinten Papier? Sieht es aus wie eine Akte? Nicht wieder zurückgehen! Sie versucht, sich von der Stelle loszureißen.

Einmal hat sie in der Zeitung gelesen, jemand aus der Nachbarschaft habe sich aus dem Fenster gestürzt. Der Gedanke, der Mann habe sich umgebracht, weil Papiere über seine persönlichsten Verhältnisse auf der Straße gelegen und bösartige Nachbarn sie ihm schadenfroh unter die Nase gerieben hätten, beunruhigte sie bis zur Panik und ließ sie tagelang nicht los.

Weiter. Nach dem Einkauf an der Kasse. Sie zieht das Portemonnaie und zahlt. Beim Verlassen des Geschäfts dreht sie sich um und sieht ein weißes Stück Papier auf dem Boden. Sie schrickt zusammen. Der bitterböse Brief der Mutter, in dem diese sich so abfällig über Bekannte auslässt, könnte er ...? Wo wohnen die Bekannten? Könnte es sein, dass sie hier einkaufen? Sie rührt sich nicht vom Fleck. Die Kassiererin fragt: »Haben Sie etwas vergessen?« Frau Wandt winkt müde ab und muss nun gehen.

Ich, der Reißwolf

Herr Dr. Morten residiert in der obersten Etage eines großen Industrieunternehmens. Er ist einer der leitenden Manager und muss den ganzen Tag weit reichende Entscheidungen treffen, über Menschen und Millionen. Morten ist bei seinen Mitarbeitern für die Schnelligkeit und die Treffsicherheit seiner Entschlüsse bekannt. Der Mann hat einen phantastischen Riecher für Geschäfte, so sein Image in der Firma und auch außerhalb. Von der Persönlichkeit her ist er überhaupt nicht zwanghaft. Er nimmt seine Verantwortung zwar ernst, ist aber kein bisschen zaghaft oder ängstlich, wenn es darum geht, sich eine Meinung zu bilden und sie durchzusetzen. Privat gilt er als Bon-Vivant, der ein gutes Essen samt passendem Wein zu schätzen weiß, auf Spesen und auch sonst. In der Familie herrscht ein liberales Klima. Niemand fühlt sich gegängelt oder unterdrückt.

Dr. Morten sitzt in einer Konferenz über Neuinvestitionen. Alles läuft wie am Schnürchen, wie es bei Profis üblich ist. Bei Meinungsverschiedenheiten hat er meist das letzte Wort. Doch die Zeiger der Uhr rücken unerbittlich auf 11 Uhr zu. Dr. Morten kennt die Unruhe, die ihn auf Konferenzen um die Zeit beschleicht und sich ständig steigert. Er wird in zunehmenden Maße nervöser, aber keiner merkt ihm je etwas an. Er steht auf und geht auf und ab. Das ist in seiner Position erlaubt. Doch sein Blick verfolgt nicht die Kurven, die ein Zuarbeiter an die

Wand projiziert. Er nähert sich dem Papierkorb, der am Kopfende des Konferenztisches steht. Die Angst presst ihm den Magen zusammen. Er schaut in den Papierkorb, dann an die Wand, dann wieder in den Korb. Es ist so ein Gewühl, man kann nichts richtig erkennen. Dr. Morten sagt wie beiläufig: »Ist das nicht . . .« Und greift hastig in den Korb. Unklare Eindrücke, keine Sicherheit, keine Beruhigung. Dr. Morten setzt sich wieder an seinen Platz. Es ist kurz vor elf Uhr. Wie immer um die Zeit erscheint ein technischer Mitarbeiter der Firma, buckelt überhöflich und stellt Getränke ab. Dr. Mortens Angst steigt noch einmal sprunghaft. Seit einem Jahr immer derselbe absurde Gedanke. Es könne etwas Wertvolles, nein, kein Dokument, ein Lebewesen oder so etwas im Papierkorb sein und unwiederbringlich durch Beförderung in den Müll vernichtet werden. Der Bürodiener kommt zurück und fängt an, die Aschenbecher in einen Metallbehälter zu leeren. Dann nähert er sich dem Papierkorb, und nun kommt die Frage, die jedes Mal bei Morten Entsetzen auslöst: »Reißwolf oder Müll, Herr Direktor?«

Beides ist gleich tödlich. Es gibt kein zurück. »Reißwolf, Herr Schmidt«, murmelt der Direktor und spürt die unerbittlichen Zacken der Maschine im eigenen Fleisch.

Dr. Morten ging früher gern allein in den Park in der Nähe seines Büros. Das half ihm dabei, seine Gedanken zu klären und dann konnte er entspannen. Er kann heute nicht mehr allein in den Park. Es wäre ein Spießrutenlaufen. Einmal an einem kleinem Teich sah er ein Kind, das nah am Wasser im Gras spielte. Er ging vorbei. Nach ungefähr dreißig Metern drehte er sich um. Er weiß nicht mehr, warum. Er sah das Kind nicht mehr, empfand zuerst einen heftigen Schreck und dann eine nagende Angst: Hatte er es im Vorbeigehen unabsichtlich angestoßen? Er eilte zurück, sah sich nach allen Seiten um und versuchte auf den Grund des Teiches zu blicken. Ohne Ergebnis, das Wasser war trübe, aber ruhig. Fast in Panik lief er zu den Gewächshäusern und suchte einen Parkangestellten. Seine Aktentasche sei ins Wasser gefallen, wollte er ihm sagen. Ob man nicht danach suchen könne, aber schnell. Er fand niemanden, irrte noch eine halbe Stunde im Park umher und kehrte immer wieder an den Teich zurück. Dann musste er ins Büro. Am anderen Tag suchte er fieberhaft in den Zeitungen. Dass er die schreckliche Nachricht nicht fand, beruhigte ihn nur teilweise. »Alles Blödsinn«, sagte sich Dr. Morten nach einigen Tagen. Doch in den nächsten Wochen wiederholten sich ähnliche grauenvolle Erlebnisse.

Er weiß nur, dass irgendetwas mit ihm nicht stimmt, hat aber keine Erklärung dafür. Ist er ein potentieller Mörder, wenn ihn solche Gedanken überfallen? Er liebt doch Kinder, die eigenen und fremde. Ist es verdrängte Agression, die sich auf die Art einen Weg nach außen bahnt? Wird er verrückt? Hat er einen Gehirntumor? Er ließ sich ein paar Mal körperlich untersuchen, traute sich aber auch einem Arzt gegenüber nicht sein wahres Problem anzusprechen.

Seitdem kontrolliert er, wo er nur kann. Seine Wege, Behälter, seine Aktentasche. Er nimmt gelegentlich ein leichtes Schlafmittel. Wenn er es draußen verliert, ein Kind, ein Herzkranker heben es auf. Undenkbar.

So geht es weiter. Tagaus, tagein. Zwangsgedanken vornehmlich agressiven Inhalts, gegen die er sich mit seinem ganzen Wesen sträubt, aber die ihn überfallen. Diese begleitende Angst kann er dann immer nur mühsam mit Kontrollen, Absicherungen und Vermeiden besonders kritischer Situationen im Griff behalten.

Die ewigen Horrorszenen, die ihn quälen, muss er unbedingt vor seiner ganzen Umwelt abschirmen. Nicht einmal gelegentliche Unruhe darf ihm anzumerken sein. Neben dem Zwang sind die normalen Aufgaben des Lebens zu bewältigen: Das Unternehmen fordert Entscheidungen, die Familie ihr Recht. Woher die Kraft noch nehmen, wenn es jeden Tag wieder elf Uhr wird?

Schlechtes Geld und Papageientulpen

Keine Gesellschaft, kein Mensch kann ohne Rituale leben. Sie durchziehen unsere gesamte Existenz. Alltäglichkeiten, wie bei der gemeinsamen Nahrungsaufnahme, Zeremonien an den entscheidenden Punkten der persönlichen Existenz, wie Geburt, Heirat und Ableben, kollektive Riten schließlich anlässlich von Gedenktagen und Feiern. Abgesehen von den gesellschaftlich vorgegebenen Ritualen, gibt es die jedes Einzelnen. Sie stellen eine Art Versicherung gegen das Ungewisse dar; der Mensch erfindet sie, um ein Gefühl der Kontrolle über sein Leben zu erlangen. In der Funktion wirken sie als Mittel gegen Lebensangst und Zukunftsunsicherheit. Jede Stunde, jeden Tag stehen wir an der Schwelle der Zukunft und damit der Ungewissheit. Man muss also mit dem Schicksal über zukünftige Möglichkeiten verhandeln und das geschieht mittels des Rituals. Auf der Basis von Symbolen des Guten und des Bösen erarbeiten wir uns Rezepte und Handlungsweisen, die uns von allzu starken Zweifeln bezüglich der Zukunft befreien. Durch Aktualisierung von guten Symbolen programmieren wir Erfolg und Glück vor zum Beispiel dann, wenn wir die Geburtsdaten eines lieben Menschen im Lotto ankreuzen. Durch Vermeiden oder Bannen der Zeichen des Bösen entkommen wir ihrem unheilvollen Einfluss. Wir verbinden also mit Riten die dunkle Ahnung, dass sie auf die Wirklichkeit Einfluss haben. Dunkle Ahnung deshalb, weil wir uns selten die Mühe machen, uns nach den Mechanismen zu befragen, nach denen eine solche Einflussnahme möglich wäre. Die Angst vor der Leere, die entstünde, wenn wir uns völlig ausgeliefert fühlten, ist so stark, dass sie alle Bedenken des Verstandes hinwegfegt, ja, erst gar nicht aufkommen lässt.

Bei Zwangskranken ist das Bedürfnis, das eigene Schicksal auf die Art zu bannen, in einer kaum vorstellbaren Weise gesteigert. Unter dem ständigen Einfluss ihrer bedrohlichen Phantasmen sammelt sich nach und nach ein Universum von Negativ-Symbolen an, denen sie Rechnung tragen müssen. Sie befassen sich dabei teils mit kulturell vorgegebenen wie Todessymbolen, teils schaffen sie sich individuelle Zeichen anlässlich kritischer Episoden des eigenen Lebens. Beim Zwangskranken wird das, was zum Beispiel als Todessymbol aufzufassen ist, in einer inflationären Art ausgedehnt und die negative Wirkung, die befürchtet wird, überschreitet jedes Verständnis anderer. Ein Beispiel:

Frau P., 33 Jahre, wird ständig von dem Gedanken verfolgt, sie könne, wenn sie »unvorsichtig« ist, ihren Eltern schaden. Wenn sie als Sekretärin am Bildschirm sitzt, muss sie ihre Texte so gestalten, dass kein Buchstabe, der im Vornamen der Eltern vorkommt, am Ende einer Zeile steht, denn das könnte deren Ende sein. Kästchen am Bildschirm stehen für Särge. Wenn es ihr nicht gelingt, sie zu vermeiden, hat sie Schuldgefühle und fürchtet um deren Leben.

Eine Betroffene schildert die andere Variante. Man sieht, wie Gegenstände tabuisiert werden und in Folge mit allen Mitteln vermieden werden, um Kontrolle über ihren angeblich negativen Einfluss zu haben:

»Ein Kleidungsstück wurde nicht mehr von mir angezogen, wenn ich an dem Tag, als ich es zum ersten Mal angezogen hatte, erfuhr, dass eine mir bekannte Person gestorben sei. Etwa 10 Jahre später wurde die Regel dahin erweitert, dass ich ein Kleidungsstück bereits dann nicht mehr benutzte, wenn sich an dem Tag, an dem es zum ersten Mal gebraucht worden war, etwas Unangenehmes ereignet hatte. »

Und: »*Im April kaufte ich anlässlich des Besuchs bei einer Bekannten Papageientulpen. Ich sah die Frau damals zum letzten Mal. Sie starb kurz danach ganz unvorhergesehen. Seitdem habe ich keine Papageientulpen mehr gekauft.*«

Auf die Art bildet sich ein persönlicher Aberglaube heraus, der sich mit jeder negativen Episode verdichten kann und das Leben schließlich in kaum vorstellbarer Art überwuchert, bedeutet er doch in jedem Fall eine Befürchtung und damit eine Einschränkung der persönlichen Existenz. Gute Symbole hingegen kennt der Zwanghafte nicht.

Um den ganzen Prozess noch einmal zu verdeutlichen, ein kurzer Auszug aus der Geschichte der Neunzehn:

Anlässlich einer kritischen Episode, die sie seelisch sehr erschütterte, entwickelte eine meiner Patientinnen einen wahren Horror vor der Zahl 19, die zum Inbegriff von Gefahr wurde. Die vermutete Gefahr blieb stets unbestimmt, aber stellte dennoch eine ungeheure Bedrohung dar. Ihr ganzes Leben stand fortan auch immer unter dem Einfluss des Kampfes mit dieser Zahl. Sie hat ihre Geschichte zusammen mit mir an anderer Stelle aufgeschrieben. Daraus einige Zitate zum Thema Neunzehn.

»*Zunächst von der 19 ausgehend, wurden dann auch Kombinationen von 1 ... 9 und 9 ... 1, also 194 und 191, aber auch durch eine 0 ergänzt, wie die 109 und 901 einbezogen. Ferner wurde auf Konstellationen von Zahlen geachtet, die durch ein Komma getrennt waren, wie 1,90 oder 9,10 sowie auf solche, die in der Addition einen Wert von 19 ergaben, wie 298.*«

Das Meideverhalten hinsichtlich der schlechten Zahl erstreckte sich nach und nach auf alle Lebensbereiche. Einige Beispiele:

»*Wichtige Handlungen nahm ich nur noch an Tagen vor, die unter Berücksichtigung aller Gesichtspunkte zahlen-*

mäßig völlig einwandfrei waren. Beim Erwerb von Sachen beachtete ich das Datum des Kauftages, dann Preis und Auszeichnung der Ware und schließlich die Nummer des Kassenscheines und anschließend des Kassenstempels. Wenn eine dieser Zahlen nicht in Ordnung war, holte ich den Gegenstand entweder gar nicht von der Kasse ab oder ließ ihn irgendwo liegen oder tat ihn zu Hause beiseite und benutzte ihn nicht.«

Später berücksichtigte sie auch die Zahlen der Geldscheine einzeln, in Kombination und Addition. Es erfolgte eine Einteilung in gutes und schlechtes Geld. Beide Geldsorten hielt sie nach Möglichkeit gesondert. Das schlechte Geld verwendete sie im Wesentlichen für die Erledigung rückwirkender Zahlungen, für Spenden und für den Kauf von Geschenken an Personen, zu denen ihre Beziehung nicht von erstrangiger Bedeutung war.

Es geht weiter:

»Ergab ein Kauf mehrerer Sachen die Summe der einzelnen guten Preise einen schlechten Betrag, so galt jeder einzelne erworbene Gegenstand als mit einem schlechten Preis behaftet. (...) Wechselgeld von gezahltem schlechtem Geld oder von Geld, das zur Begleichung eines schlechten Preises verwandt worden war, wurde zu schlechtem Geld, und zwar auch dann, wenn der schlechte Einzelpreis nur Bestandteil eines zahlenmäßig guten Gesamtpreises war. Waren Einzel- und Gesamtpreise, sowie die Warenauszeichnungen in Ordnung, ergab aber der Rückzahlungsbetrag eine schlechte Zahl, so wurde das Wechselgeld zu schlechtem Geld.«

Bei Menschen, die die Strukturen der zwanghaften Persönlichkeit aufweisen, haben wir Kontrollen als ein zwar etwas krampfhaftes, aber nachvollziehbares Mittel zur Lebensbewältigung angetroffen. Bei den eben geschilderten Zwangskranken haben wir es in den meisten Fällen lediglich noch mit »Pseudo-Kontrolle« zu tun.

Unsicherheit, Lebensangst, aber vor allem eine tief greifende Furcht vor Kritik und Ablehnung, meist nachweislich in frühen Jahren erworben, schlagen sich in symbolischen Situationen nieder, die mit den einfachen Mitteln des Zwanges unter Kontrolle, in »Ordnung« gehalten werden können. Abgewehrt werden also Gefahren, die im eigenen Kopf produziert werden, aber für etwas elementar Menschliches stehen. Sich direkt damit auseinander zu setzen, wagt der Kranke nicht.

So sieht es aus: Um die entferntesten Sterne kümmert er sich, sorgt sich um einen jeden, dessen Weg den seinen kreuzt. In Wirklichkeit: Seine Angst um sich selber ist grenzenlos. Ihr entgegenzusetzen hat er dies und jenes. Wir lernten es kennen und fanden es nicht viel. Im nächsten Teil versucht er es anders, doch die Zeit kommt ihm dabei abhanden.

Langsamkeit

Und ich suchte auf und ab gehend, was es wohl sein könnte, und ich fand es, indem ich mir sagte, das bin ich nicht, ich habe noch nicht begonnen, man hat mich noch nicht gesehen.
Samuel Beckett

Lea erklärt:
Von außen wirkt es bloß wie Langsamkeit, von innen sieht es ganz anders aus. Man braucht eine Stunde zum Haarekämmen. Die ganze Aktion ist in viele, immer gleich bleibende Abschnitte eingeteilt. Sie müssen immer in derselben Reihenfolge ausgeführt werden. Manchmal stört ein Gedanke oder die Hand stockt, man kommt minutenlang nicht weiter. Leicht kann es passieren, dass ein Abschnitt

nicht ordnungsgemäß ausgeführt wurde. Er wird dann wiederholt, und die Zeit rennt davon.

Es ist geschafft, und alles andere auch, gehen wir jetzt zur Tür. Doch da stehen die Kosmetikfläschchen. Nur nicht hinschauen, doch, einmal nur. Die Fläschchen werden zudringlich. Nun werden sie geradegerückt. Nur nichts zu lange anfassen, zurechtrücken und dann gleich loslassen. Sonst kommt die Hand nicht weg. Stehen sie jetzt richtig? Ja, fast. Hier noch einmal.

Keinerlei Angst ist damit verbunden, kein Gedanke an Unheil dabei. Es muss nur alles in Ordnung sein, und das braucht Zeit.

Endlich im Hausflur, doch was ist das? Es sieht aus wie ein Stückchen Papier, aber man muss genau hinschauen, dann sieht es wirklich aus wie ein Stückchen Papier. Aber was für ein Papier? Wie kommt es her? Das ist doch wohl egal, aber es will hingeschaut werden. Der ursprüngliche Plan war, außer Haus zu gehen, doch dann war ein Stück Papier.

Meine Patientin Lea, hat die Entwicklung ihrer Störung aufgeschrieben, um ihr Leben auch einmal im Kopf zu ordnen, wie sie meint. Sehen wir uns Auszüge daraus an.

Das Brotmesser bleibt stehen

»Ich möchte aus meiner Sicht als Betroffene darstellen, wie sich die Zwangsstörung entwickelt hat. Ich bin 1936 in Berlin geboren. Ich lebte als ältestes Kind zunächst vier Jahre allein mit meinen Eltern. Aus dieser Zeit sind mir keine besonderen Ereignisse in Erinnerung. Ich war zwar öfter krank und bin auch einmal operiert worden, aber ansonsten waren diese ersten Jahre wohl ganz gut. Meine Eltern

freuten sich offensichtlich, dass ich da war. Mein Vater hatte sein Studium abgeschlossen und arbeitete im Krankenhaus, meine Mutter war zu Hause und versorgte mich. Beide hatten aber genügende Zeit, sich auch mit mir zu beschäftigen und spazieren zu gehen und zu verreisen. Ich erinnere mich, dass ich immer leicht ängstlich war und meinen Eltern nicht von der Seite wich. Meine Mutter betreute mich mit einer ihr eigenen Genauigkeit und Disziplin. Es musste alles seine Ordnung haben und es sollte möglichst nichts schmutzig werden, Hände, Kleidung, usw. Mein Vater war im Allgemeinen großzügiger außer mit seinen teuren Sachen und Möbeln – man durfte nirgends mit den Füßen draufsteigen.«

In den darauf folgenden Jahren wurden ein Bruder und eine Schwester geboren. Lea fährt fort:

»Zuhause habe ich mich aber durch meine Geschwister immer so ausgebotet gefühlt. Sie gingen noch nicht zur Schule, waren immer mit meiner Mutter zusammen und mit einigen neuen Bekannten, die meine Mutter inzwischen kennen gelernt hatte. Ich hatte das Gefühl, dass mich alle mehr oder weniger ablehnten. Sie erwarteten irgendwie mehr von mir, da ich doch die Älteste war. Ich sollte meiner Mutter mehr zur Seite stehen. Meine Mutter verlangte auch eine ganze Menge und war sehr genau mit allem. Wenn ich etwas eingekauft hatte und die Dinge waren nicht nach ihrem Wunsch, so musste ich sie sofort wieder zurückbringen und umtauschen. Mir war das so unangenehm. Ich war sehr schüchtern. Dann sollte ich im Haushalt etwas helfen und auf meine Geschwister aufpassen. Ich tat das sehr ungern und war auch in vielem äußerst ungeschickt. Meine Mutter kontrollierte alles. Man musste es doppelt und dreifach machen, wenn es nicht gut war. Oder ihr rutschte sofort die Hand aus. Für die Fehler meiner Geschwister war ich auch verantwortlich. Ich hätte eigentlich auch genug mit meinen eigenen Sachen zu tun gehabt. Lesen und Schreiben gingen langsam. Ich fing oft wieder von

vorne an. Ich war auch keine richtige Rechtshänderin, wurde aber darauf getrimmt. Meine Mutter wurde aber selbst sehr schlecht fertig. Ich weiß, dass von unseren Bekannten oft jemand kam und ihr half. Ich hatte innerlich eine solche Wut, konnte so etwas aber nie ausdrücken. Ich hatte Angst, sie könnte mich dann umbringen. Sie war wohl auf mich wütend, dass ich nicht besser funktionierte. Ich weiß nicht, inwieweit das damals eine Art stummer Protest meinerseits gegen ihre Überforderungen war.

Als ich etwa zwölf Jahre alt war, hatte ich starke nervöse Störungen, ich schnitt Grimassen und konnte Arme und Beine nicht ruhig halten. Eine Art Tic oder Veitstanz, wie mir später jemand sagte. Ich sollte mich natürlich zusammennehmen und das lassen, konnte es aber schlecht beherrschen. Vielleicht bekam ich irgendein Beruhigungsmittel, ich weiß es aber nicht mehr. Ich ging weiter zur Schule. Jedenfalls glaube ich, dass von diesem Zeitpunkt an die nervöse Empfindlichkeit stärker wurde, und dass ich anfing, alles so genau zu machen und das Gefühl bekam, dass davon viel abhängt. Ich schob Dinge mehrmals hin und her, z.B. Bücher oder Geschirr, bis sie parallel zu irgendeiner Linie lagen. Ich hatte ein starkes Symmetriebedürfnis. Schon das Anziehen von Kleidung machte Schwierigkeiten. Ich wollte doch nun mal perfekt sein, um genügend Anerkennung zu bekommen, die mir zum Überleben wichtig schien. Natürlich ging das ziemlich zu Lasten eines normalen Tempos. Ich kam öfters zu spät zur Schule oder zu anderen Verabredungen. Ich war schon von Natur aus nicht besonders schnell. Wenn ich etwas las, habe ich immer wieder zurückgeblättert im Text, weil ich meinte, etwas übersehen zu haben. Aber was eigentlich von Vorteil sein sollte, wurde nun wiederum zum Hindernis. Ich konnte mir einfach keine Spontaneität und Flüssigkeit aneignen. Nun wurde mir die Langsamkeit vorgeworfen. Es wurde mir vorgeworfen, dass ich keine Bücher las. Ich war auch so isoliert von Gleichaltrigen und Schulkameradinnen. Meine Mutter meinte, wenn man so langsam ist, hat man eben keine Zeit mehr, sich zu vergnügen.

Ich glaube, ich entwickelte so ein scheinheiliges Wesen, sagte nichts mehr von mir, wehrte mich aber auch nie, setzte irgendwie ein Fassadenlächeln auf und versuchte es eben allen recht zu machen. Ich machte alle Dinge so genau wie möglich, so wie es ja zumindest meine Mutter verlangt hatte, aber wirklich dann alles ohne Ausnahmen. Ich wusste wirklich nicht, was mir wichtig war und was nicht. Eine so banale Sache wie eine Tischdecke auf den Tisch legen, kostete mich schon so viel Anstrengung, musste sie doch ganz symmetrisch liegen, die Kanten an allen vier Seiten gleich. Ich lief dann so ungefähr dreimal um den Tisch herum. wenn etwas mit einem Lappen abzuwischen war, tat ich das vielleicht zehn Mal an derselben Stelle. Auch mich selber anzuziehen und zu kämmen oder zu waschen unterlag so vielen Kontrollen aus Angst, es könnte nicht makellos und glatt genug sein. Es dauerte natürlich entsprechend lange und ich geriet manchmal in einen regelrechten Erschöpfungszustand mit Schweißausbrüchen und Herzbeschwerden.

Ich glaube trotzdem nicht, dass es eine zwangsläufige Identifikation mit dem Verhalten meiner Mutter war. Ich hatte nicht diese Energie, diesen Antrieb. Ich hatte einfach das Gefühl, dazu gezwungen zu sein, nur weiter bestehen zu können. Es wurde eine Abwehrstrategie gegen die nichtakzeptablen Gefühle wie Wut und Neid. Und meine Mutter ärgerte sich ja wiederum darüber, dass ich so übertrieb und nicht mehr fertig wurde. Ich glaube aber auch, dass es für dieses Verhalten eine Anlage gibt, direkt erblich oder durch frühe leichte Hirnschädigung erworben, und dass sie durch stärkere Umweltbelastung zu einem manifesten Verhalten führen kann.

Ich konnte mich nicht zur Wehr setzen, sonst wäre ich vielleicht vernichtet worden. So bekam ich mehr und mehr dieses Gefühl des Müssens, alles so überwertig zu tun, dass ich gar nicht mehr aufhören konnte. Es kommt dann zu einem Auf-der-Stelle-treten. Ich konnte meinen eigenen Urteilsvermögen nicht trauen, wann eine Sache gut ist.

Es war also die Zeit so zwischen dem 14. und 16. Lebensjahr, in der sich die Zwangsstörungen zu einem gewohnheitsmäßigen Verhalten aufbauten. Es wurde sozusagen zur zweiten Natur. Ich verbrauchte viel Energie damit, es vor meiner Umwelt zu verbergen. Ich merkte ja, dass z.B. meine Mitschülerinnen sich nie so anstrengen mussten, die Schultaschen ein- oder auszupacken, den Mantel anzuziehen oder sich beim Sport umzuziehen. Ich war fast immer zuletzt fertig

Die Konzentration im Schulunterricht machte mir zu schaffen. Zeitweilig konnte ich gar nicht zuhören, weil meine Gedanken mit einem Zwang beschäftigt waren, ob ich wohl etwas Falsches zu jemandem gesagt hatte – oder ich verglich mich mit anderen, oder ich dacht nach über die Dinge, die mich beunruhigten außerhalb der Schule.

Als ich 16 Jahre alt war, wollte ich einfach weg von der Schule und von zu Hause. Ich kam in ein Internat.

Obwohl ich aus dem Einflussbereich meiner Mutter herausgekommen war, hatte ich doch dieses Erziehungsmuster mit mir genommen. Ich wollte aus meiner Haut heraus, konnte es aber nicht mehr. Ich merkte mehr und mehr, dass etwas in mir war, was andere nicht hatten, was mich von ihnen trennte. Ich konnte nie mehr spontan und unbefangen sein. In welcher Situation ich mich auch befand, was ich sagte oder tat, immer schob sich reflexartig ein Kontrollgedanke dazwischen. Meist haftete alles zu lange an den Händen. Ich hatte Angst, eine Sache könnte herunterfallen oder schmutzig werden, oder etwas lag schief. Oder ich dachte beim Sprechen immer, ob ich mich wohl richtig ausgedrückte hatte. Wenn ich etwas las, war ich meistens der Überzeugung, ich hätte die Worte falsch gesehen. So konnte ich auch dort fast nie etwas zum Vergnügen lesen, ob-

wohl genug Gelegenheit da war. Das macht mich sehr unruhig und auch depressiv.«

Lea heiratet und bekommt ein Kind. Sie ist zeitweilig berufstätig, gibt aber dann die Arbeit auf und bleibt zu Hause. Zusammenfassend schildert sie die Auswirkung der Störung auf ihr Leben:

»Ich hatte einfach immer Schwierigkeiten mit dem Arbeitsablauf, ob das die Arbeit zu Hause betraf oder in einem Arbeitsverhältnis. Wie gesagt: irgendwie zwei linke Hände. Ich wusste nicht richtig wie ich eine Sache anfassen sollte. Es ging so umständlich. Direkt ? Ist das so schwer – wie man etwas halten soll oder wie man die Bewegung ausführen soll, ob rechts herum oder links herum. Dann weiß ich nie so gut, was ist vorrangig bei einer bestimmten Arbeit und was ist nicht oder überhaupt nicht wichtig. Ebenso fällt es mir schwer zu beurteilen, wann eine Sache fertig ist. Wann ist eine Aufgabe beendet – gerade genug, sauber genug, richtig genug. Es kann dabei auch um schriftliche Arbeiten oder das Ausfüllen von Anträgen gehen. Zeitweilig beschäftigte ich mich nur damit, Gegenstände in meiner häuslichen Umgebung millimetergenau in die richtige Position zu bringen – im selbem Winkel z.B. zu einem anderen Gegenstand oder parallel zur Wand. Oder die Falten von einem Vorhang mussten den gleichen Abstand voneinander haben. Wenn das nicht so war, konnte mich das sehr beunruhigen und mich nicht loslassen. Es konnte auch sein, dass ich etwas gelesen hatte in der Zeitung oder auf einem Prospekt oder unterwegs auf einem Anschlag oder im Schaufenster. Auf einmal bekam ich das Gefühl, ich hätte das falsch gelesen, und ich müsste es immerzu wiederholen, nochmals nachschlagen oder wieder hingehen.

Wie gesagt, am Arbeitsplatz passierte das genauso wie zu Hause. Wenn ich auch daran gehindert war, die Handlung wirklich auszuführen, so blieben die Gedanken doch blockiert, und ich konnte mich nicht mehr konzentrieren. Ich hatte oft das Gefühl, dass ich gar nichts mehr tun möchte. Ich wollte möglichst wenig anfassen – möglichst keine Arbeit mehr beginnen, dann würde ich nicht an diese Schwierigkeiten stoßen, sie nicht beenden zu können. So bald ich nämlich einen Impuls hatte, etwas anzufangen, kam der Gegenimpuls, dass es zu schwierig ist, dass ich nicht richtig weiß, wie die Arbeit ablaufen soll. Ich kam dadurch immer mehr in einen Zustand, den ich anderen gegenüber rechtfertigen musste. Ich kam von allen Seiten in Bedrängnis. Die Menschen um mich verlangten eine Erklärung für dieses Verzögerungsverhalten. Die anderen verstanden mich nicht. Meinem Arzt habe ich über die Schwierigkeiten berichtet. Ich bekam die üblichen antidepressiven Medikamente oder auch beruhigende Medikamente. Aber sie halfen nicht gegen die Langsamkeit und Umständlichkeit oder besser gesagt gegen den Zwang. Ich merkte irgendwie selbst, dass ich mich bei allem zu sehr anstrengte, dass ich alles überbewertete, sozusagen jeden Gedanken, jedes Wort und jede Handlung auf die Goldwaage legte. Ich dachte schon, dass ich es mir leichter machen könnte, um dadurch mehr Lebensfreude zu haben. Aber ich war so in diesem Vorstellungssystem gefangen, dass sich praktisch im täglichen Leben keine Änderung einstellte.«

Lea sagte mir einmal: Ich fragte mich mein Leben lang, was ist bloß los mit dir. Dann habe ich immer gedacht, einmal fängt das Leben richtig an. Das hier ist es noch nicht. Irgendwann beginnt alles.

Lea will Brotschneiden und merkt plötzlich, das Brotmesser bleibt stehen. Die Hand weiß nicht weiter. Der Handlungsablauf ist irgendwie gestört worden. Der Impuls weiterzuschneiden braucht sehr lange um sich durchzusetzen.

Du hast vor einer halben Stunde Brot holen wollen, sagt der Sohn. Gleich, sagt Lea.

Berührungsängste und Waschzwänge

Mit dem Gedanken an Besudelung betreten wir
das Reich des Schreckens.
Paul Ricœur

»Sauber ist schön und gut. Sauber ist hell brav lieb. Sauber ist oben und hier. Schmutzig ist hässlich und anderswo. Sauber ist doch das Wahre, schmutzig ist unten und übel, schmutzig hat keinen Zweck. Sauber hat recht. Schmutzig ist dem gegenüber, sauber ist da denn doch. Schmutzig ist wie soll man sagen, schmutzig ist irgendwie unklar, schmutzig ist alles in allem, sauber ist wenigstens noch, aber schmutzig das ist also wirklich.«

Mit dieser ironischen Gegenüberstellung leitet Christian Enzensberger seinen Essay »Größerer Versuch über den Schmutz« ein.

Für die meisten Menschen ist Sauberkeit kein großes Thema mehr. Zu unserem kulturellen Allgemeingut gehören einfache und überschaubare Regeln zur persönlichen Hygiene, die, mit einigen Nuancen, von allen befolgt werden. Fließendes Wasser, Müllabfuhr und Gesundheitsversorgung tun das ihrige: Wir leben in einer ausreichend sauberen Welt. Die Statistiken über die Verbreitung infektiöser Krankheiten scheinen das zu bestätigen. Es gibt kaum Orte in der Stadt, die wir aus Sauberkeitsgründen glauben meiden zu müssen. Werden wir unerwartet mit Wahrnehmungen konfrontiert, die aus unserem hygienisch fast einwandfreien Rahmen herausfallen – eine Blutlache auf der Erde, eine sichtbar verdreckte Türklinke – so erleben wir ein kurzes Gefühl des Ekels und einen Impuls der Abwehr – nur weg. Vielleicht waschen wir uns daraufhin einmal bewusster die Hände und gehen dann zur Tagesordnung über, in unserer ausreichend sauberen Welt.

Für eine große Gruppe von Zwangskranken wäre diese Beschreibung unserer Lebensverhältnisse unannehmbar, und nirgendwo wird die Unterscheidung zwischen krank und gesund deutlicher als an dieser Stelle. Sie leben in einer Welt, die allenthalben durch Schmutz, Widerwärtiges und Gefahrenstoffe gekennzeichnet ist. Weniges gilt als einwandfrei, es gibt lediglich Abstufungen bei der Verseuchung von Menschen und Dingen. Angst, Abscheu und Ekel sind die dominierenden Gefühle im Kontakt mit der Welt, ja, der eigene Körper wird zur Gefahrenquelle und zum Objekt der Furcht, muss er doch zwangsläufig mit der Welt in Berührung kommen. Das Widerwärtige konkretisiert sich für diese Kranken meist in einer bestimmten Gestalt, die zum aktuellen Inbegriff von Ekel, Grauen und Entsetzen wird. Für den einen ist es Schimmelpilz, für eine andere sind es Tuberkulosebazillen. Es können aber auch die eigenen Körperausscheidungen sein oder ein Hund, etwas, was die unbeliebte Nachbarin berührte, aber auch »Todesmaterie«, Katzenstreu, ein Gegenstand aus dem Besitz einer Krebskranken oder vermeintliche Haare des Hamsters der bösen Vorgesetzten.

Die inneren Bilder dieser subjektiven Horrorsymbole und ihre ständige Projizierung auf die Außenwelt prägen das Bewusstsein. Das Verhalten aber wird von der Abwehr beherrscht: Einwandfrei ist nur das, was nach den eigenen Regeln gereinigt wurde. Waschen und Wischen sind damit die Mittel der Wahl, sie nehmen ein wahrlich tragisch zu nennendes Ausmaß an. Doch ihre reinigende, das Bewusstsein zeitweilig beruhigende Wirkung ist nur sehr kurzfristig. Die nächste Berührung droht und erfolgt dann auch. Die Welt hat jede Harmlosigkeit verloren, langsam löst sich die Haut auf, doch was ist das gegenüber der Gefahr, selbst zu Schmutz zu werden.

Sehen wir uns an einigen Beispielen die Krankheit an. Über Heilungsmöglichkeiten wird später zu berichten sein.

Und Roger hat Müll angefasst und dann mich angefasst und anderes angefasst

»Es war mir endlich gelungen, die Tüte, in der ich die verseuchte Hose aus dem letztem Pfingsturlaub zur Reinigung gebracht hatte, in die Mülltonne zu werfen. Über Monate lag sie in der Rumpelkammer, ganz in der Ecke, in alte Zeitungen eingewickelt. Mit dickem, undurchlässigem Packpapier habe ich endlich das Zeitungsknäuel, in dem die Plastiktüte war, umwickelt (Ich hatte selbstverständlich Gummihandschuhe dabei an, die ich ebenfalls gleich in den Müll geworfen habe) und habe das Ganze endlich in die Mülltonne befördert. Ich war sehr vorsichtig beim Transport der verseuchten Sachen und habe sehr genau aufgepasst, mit dem Paket weder meine Kleidung noch die Haustür, noch irgendetwas anderes zu berühren. Die Badezimmertür hatte ich vorsorglich geöffnet und das Desinfektionsmittel und die Seife so hingelegt, dass ich beide aufheben konnte, ohne zu riskieren, das Waschbecken zu berühren. So viel Umstände wegen dieser blöden Plastiktüte, in der die verseuchte Hose aus dem letzten Sommerurlaub monatelang eingewickelt war, weil es mir zu kompliziert erschien, sie in die Reinigung zu bringen. Ich habe es schließlich dann doch geschafft, sie hinzubringen, allerdings in ein Geschäft, das weit von unserem Wohnort entfernt ist und das ich dann nur noch einmal betreten habe, um die Hose abzuholen. Hätte ich sie in unsere Reinigung gebracht, so wären mir unsere Sa-

chen, die dort gereinigt werden, nie mehr einwandfrei vorgekommen.

Unser Urlaub war alles in allem sehr schön. Aber zwei Tage nach unserer Rückkehr habe ich meinem Hausarzt davon erzählt, auch dass ich öfters über Wiesen gelaufen bin, auf denen Schafe und Pferde weideten. Das seien schöne Tiere, meinte der Hausarzt, aber man müsse aufpassen, sie hätten Tetanus im Darm. Nun erinnerte ich mich, dass Pferde- und Schafskot auf der Wiese lagen und ich unausweichlich damit in Berührung gekommen sein muss. Glücklicherweise ist Roger nicht mit über die Wiesen gelaufen und immer auf dem Feldweg geblieben. Beim Nachhausekommen vom Arzt war ich entsetzt und ich habe krampfhaft versucht zu überlegen, wie ich den Koffer gepackt hatte und womit die Hose, die ich auf den Wiesen getragen hatte, in Berührung gekommen war. Ich konnte mich nicht mehr genau erinnern und habe beschlossen, diesen Teil des Problems insofern zu bereinigen, als ich alle Kleidungsstücke, die wir in Irland dabei hatten, einer dreifachen Desinfektion unterzog und die waschbaren Textilien mittels einer dreifachen Waschung entseuchte. Ich musste sehr vorsichtig vorgehen, damit Roger das nicht so mitkriegt. Die Schuhe, die ich damals getragen hatte und die Sachen (glücklicherweise konnte ich mich noch daran erinnern, welche es waren) habe ich unter tausenderlei Vorsichtsmaßnahmen weggeworfen, in eine Mülltonne am Ende der Straße, muss ich gestehen. Hätte ich sie in unsere gebracht, so hätte ich sie nicht mehr benutzen können. Es war mir sehr peinlich, eine fremde Mülltonne zu benutzen, jemand hätte mich ja dabei beobachten und sich Fragen stellen können. Nach vielerlei inneren Kämpfen hatte ich doch beschlossen, die Hose, die zwar auch zu den am allermeisten verseuchten Sachen zählte, zu behalten, weil sie neu war und mir sehr gefiel. So landete sie in der Plastiktüte.

Heute habe ich mich also überwunden und die doch ei-

nigermaßen gut gesicherte Plastiktüte in unsere Mülltonne gegeben, da ich mich nicht traute, die Prozedur mit der Zweckentfremdung fremder Müllentsorgungsutensilien zu wiederholen. Dabei habe ich selbstverständlich darauf geachtet, mit dem Paket nicht den Rand der Tonne zu berühren und ich glaube, das ist mir gelungen. Die Tonne musste ich leider erstmal offen lassen, denn ich hatte ja den Griff mit den Plastikhandschuhen berührt, die auch an das verseuchte Paket herangekomen waren. Nach dem Reinigen meiner Hände hätte ich ihn dann mit Desinfektionsmitteln eingesprüht und dann mit einem Holzstab, der für solche Zwecke hinter dem Haus bereit liegt, zugestoßen.

Doch zuvor habe ich meine Hände und Unterarme zuerst viermal hintereinander mit einem Desinfektionsmittel eingesprüht, wobei jeweils darauf zu achten war, dass jeder Finger, sowie Handfläche und Unterarme von allen vier Seiten ungefähr gleichmäßig mit dem Mittel in Berührung kamen, wobei die heikelsten Stellen die Zwischenräume zwischen den Fingern sind, weil ich sichergehen muss, dass auch solche schwer zugänglichen Stellen vom Mittel erreicht werden. Nach jedem Einsprühen habe ich drei Minuten einweichen lassen und dann das Mittel unter fließendem lauwarmen Wasser entfernt, wobei dieselben Vorsichtsmaßnahmen zu beachten sind wie beim Einsprühen: Das Wasser muss ungefähr gleichmäßig alle vier Seiten der zu behandelnden Körperteile erreichen und auch dabei stellen die Zwischenräume zwischen den Fingern ein Problem dar. Nach der Desinfektion erfolgt die viermalige Reinigung mit Seife, zuerst zweimal mit normaler Toilettenseife, dann zweimal mit Liposan Soft. Dabei stellten sich sowohl beim Einseifen wie beim Abspülen dieselben Probleme wie oben. Vor Beendigung der Reiningungsprozedur darf selbstverständlich das Waschbecken nicht berührt werden, weil sonst eine Übertragung von Tetanus erfolgen könnte und das Becken verseucht wäre, was eine äußerst mühsame Reinigungsaktion zur Wiederherstel-

lung seiner Gefahrenlosigkeit erfordern würde. Da ich die Wasserhähne vorsorglich vor dem Anfassen des verseuchten Pakets aufgedreht habe, können sie ohne Gefahr nach Beendigung der ganzen Aktion zugedreht werden. Das Händeabtrocknen erfolgt mit einem frischen bereitgelegten Handtuch, das danach doch vorsichtshalber gleich in die Waschmaschine gegeben wird, die schon halb voll war, aber doch zum Glück keine besonders heiklen Sachen wie Körperwäsche enthielt.

Ich war gerade mit dem Händewaschen fertig und schickte mich an, den Rest meiner Arbeit hinter dem Haus (Das Schließen der Tonne) zur verrichten, da betrat Roger, der in letzter Zeit selten mittags vorbeikommt, von hinten das Haus. Er kam auf mich zu, umarmte mich und sagte: »du brauchst mir nichts zu essen zu machen. Ich habe mir am Imbiss Pommes frites gekauft und auf dem Heimweg gegessen. Übrigens der Deckel der Mülltonne war offen. Das ist nicht sehr hygienisch, weißt du.« Dann geht er in Richtung Schlafzimmer und Kleiderschrank und Bett und murmelte etwas von Hemdwechseln bei der Hitze und mit einem Satz war ich bei ihm und krallte mich an ihm fest.«

Das war ein nachempfundener Erlebnisbericht. Er stellt aber eine wahre Episode im Leben einer meiner Patientinnen, Dagmar, dar. Der äußere Ablauf war genauso, wie ich ihn beschrieben habe, der von mir angedeutete innere Monolog gibt die typischen Denkweisen einer Zwangskranken in einer solchen Situation wieder, allerdings in einer sehr vereinfachten Form.

Wir haben gesehen, wie Dagmar anlässlich einer eher beiläufigen Bemerkung ihres Arztes, praktisch von einer Sekunde zur anderen eine panische Angst vor dem Gefahrenstoff »Pferde- und Schafskot« entwickelte. Der Kontakt mit dieser Substanz erschien ihr um so gefährlicher als damit stillschweigend zwei Annahmen einhergingen, die nur im Denken von Zwangskranken auffindbar sind. Die erste betrifft die Möglichkeit einer endlosen Weiterverbreitung eines Stoffes durch Berührung, das, was ich Kettenbildung nenne. Roger hat den verseuchten Griff der Tonne anlässlich der Pommes frites Tütenentsorgung angefasst. Seine Hand, die rechte, wie Dagmar annimmt, ist in ihren Augen verseucht, dass heißt der Gefahrenstoff haftet ihr an. Er berührt die Türklinke – damit »verseucht« – und betritt das Haus. Er umarmt seine Frau – jetzt ist die Kleidung an der Stelle nicht mehr einwandfrei – vielleicht hat er mit der »schlechten Hand« auch ihre Haut berührt. Er setzt sich kurz hin, legt die Hand auf den Tisch, jetzt ist die Platte an der Stelle kontaminiert. Was hat er noch alles angefasst? Es könnte sein, dass Dagmar, ohne es zu wissen, eine dieser Stellen berührt und so, wiederum unabsichtlich, die Seuche weiter verbreitet. Dann könnte keine einzige Stelle in der Wohnung als sauber, das heißt als nicht reinigungsbedürftig gelten. Aber jetzt kommt das Schlimmste. Er geht Richtung Schlafzimmer. Dort befindet sich das, was unbedingt sauber gehalten werden muss, die Wäsche und das Bett. Die Katastrophe, die er dort anrichten könnte, wäre kaum noch wiedergutzumachen.

Allen Berührungsängsten und den damit einhergehenden Wasch- und Abwischzwängen liegt diese Idee der möglichen Kettenbildung zugrunde, ohne dass dieser Gedanke je kritisch geprüft würde. Sie erhält ihre Brisanz aber erst durch die zweite implizite Annahme. Der Gefahrenstoff, zwar auf die Art endlos verdünnt, behält nichtsdestoweniger sein gesamtes Gefahrenpotential, hier die Möglichkeit einer Ansteckung mit Tetanus.

Nur unter Berücksichtigung dieser völlig unrealistischen, aber für die Kranken selbstverständlich erscheinenden Annahmen, ist ihr Verhalten überhaupt zu verstehen. Die Art und Weise, wie dann mit der »Gefahr« umgegangen wird, ist wiederum typisch. Das Händewaschen zum Beispiel ist nicht die übliche Prozedur, die wir, mit Variationen, alle kennen. Ihm liegt ein Ritual zugrunde, das bei jedem Kranken etwas verschieden ist, das aber in jedem Falle peinlich genau eingehalten werden muss. Immer tragen diese Rituale perfektionistische Züge, das heißt, sie dienen einer maximalen Absicherung. So muss zum Beispiel gewährleistet sein, dass Wasser und Seife »in ausreichender Menge« an alle Körperstellen kommen, wie zum Beispiel an die Zwischenräume der Finger. Im Laufe des Waschvorganges stellt sich die Kranke also immer wieder, uns unsinnig erscheinende Fragen, die aber für sie sehr quälend sind, weil sie glaubt, sie beantworten zu müssen. Sie sind aber grundsätzlich nicht beantwortbar, so zum Beispiel die Frage: »Ist der linke Mittelfinger von allen Seiten ausreichend mit Seife versorgt, oder muss die Prozedur sicherheitshalber wiederholt werden?«

Wir haben gesehen, wie Dagmars Angst anlässlich einer einzigen Episode eine bestimmte Form annahm. Es ist aber nicht so, als ob sie davor keine ähnlichen Ängste mit entsprechendem Zwangsverhalten gehabt hätte. Die Entstehung ihrer Erkrankung lässt sich bis zum 17. Lebensjahr zurückverfolgen.

Damals war gelegentlich ein Onkel, der Bruder des Vaters, zu Besuch in der Familie. Er war ihr nicht besonders sympathisch, besonders dann nicht wenn er anfing, sie über die Schule auszufragen oder wenn sie ihn beim Abschied küssen musste. Als wieder einmal beim Abendessen über Krankheiten und die nötigen Schutzmaßnahmen dagegen geredet wurde, ein beliebtes Thema des Vaters übrigens, bemerkte dieser, Onkel Franz habe ja Glück gehabt. Er habe als junger Mann an Tuberkulose gelitten und sei nur knapp mit dem Leben davongekommen.

Seitdem waren die Besuche des Onkels für Dagmar richtiggehend unerträglich. Sie vermied um jeden Preis, ihm zu nahe zu kommen und verhinderte unter vielerlei Vorwänden, dass er je wieder ihr Zimmer betrat. Blieb er zum Essen, so kriegte sie keinen Bissen runter. Sie dachte dabei immer an Tuberkulosebazillen, ein Thema, das sie vorher nie beschäftigt hatte. Sie bemerkte damals, dass sie vor dem Besuch des Onkels möglichst ihre persönlichen Sachen aus dem Wohnzimmer entfernte und wenn er weg war, wusch sie sich mehrmals die Hände, weil sie ein merkwürdig unangenehmes Gefühl daran verspürte. Wenn sie auf der Straße und anderswo jemandem begegnete, der ihr hygienisch nicht einwandfrei, krank oder anderswie auffällig vorkam, so kam ihr blitzartig der Gedanke an Tuberkulosebazillen in den Sinn und sie machte einen möglichst weiten Bogen. Hatte sie beobachtet, wie jene Person zum Beispiel eine Türklinke angefasst hatte, die auch sie benutzen musste, so nahm sie mehrere Lagen Papiertaschentücher und betätigte den Türgriff nur mit großem Widerwillen. Sie machte sich damals keine großen Gedanken über ihre Ängste. Sie erschienen ihr normal, ja, vernünftig. Onkel Franz gab zu der Zeit seinem Leben eine andere Wendung, und sie verlor ihn aus den Augen. Ihre Ängste wurden dadurch nicht beeinflusst.

Während ihrer Ausbildung als Bürokauffrau hatte sie eine Kollegin, die sie nicht mochte, nicht nur weil diese eine unreine Haut hatte und ihr auch sonst wie schmuddelig vorkam. Damals nahmen ihre Ängste, mehr in Form von Ekel, ständig zu. Einmal bat die Kollegin sie, ihr ein bestimmtes Buch auszuleihen und war nicht abzuwimmeln. Bei der Rückgabe verstaute Dagmar das ihr entsetzlich eklig vorkommende Buch in drei übereinandergestülpten Plastiktüten, wusch sich dann die Hände, deponierte das Paket im hintersten Winkel eines Schrankes und hat es seitdem nie mehr angefasst. Während des Unterrichts beobachtete sie öfters die Kollegin, um zu vermeiden, Dinge anzufassen, die sie berührt hatte. Auch draußen wurde sie »vorsichtig«; Duschen und Händewaschen nahmen zu und dauerten länger.

Nach dem Abschluss der Ausbildung trat sie in eine Firma ein. Dort lernte sie ihren zukünftigen Mann kennen. Zu der Ausbildungskollegin hatte sie keinen Kontakt mehr, aber ihr Verhalten änderte sich dadurch nicht. Dem Freund fiel auf, dass sie in Sachen Reinlichkeit sehr pingelig war und ertappte sie manchmal bei Aktionen, auf die er sich keinen Reim machen konnte. Sie kommt nach ihrer Mutter, sagte er sich, dachte aber sonst nicht groß darüber nach und die Angelegenheit war nie ein gemeinsames Gesprächsthema.

Relativ kurz nach der Heirat bekam Dagmar ein Kind und nahm ihren Mutterschutz in Anspruch. Das Kind verstarb mit zehn Monaten, und Dagmar war lange Zeit so niedergeschlagen, dass an eine Wiederaufnahme der Arbeit nicht zu denken war. Sie wurde während dieser Zeit bedeutend ängstlicher und ihre zwanghaften Absicherungen nahmen zu. Bazillen und Krankheitserreger jeder Art blieben das Zentralthema, daneben entwickelte sie eine Abscheu vor Silberfischen, die ein bekanntes Ehepaar in dem neu erbauten Haus plagten. Sie ließ den Kontakt zu den beiden bald einschlafen, um nichts in ihr eigenes Haus einschleppen zu lassen.

Seelisch hat sich Dagmar im Laufe der letzten beiden Jahre gut erholt. Aber sie möchte nicht zurück ins Büro und wünscht sich jetzt wieder ein Kind. Auch in die Zukunft blickt sie zuversichtlicher. Der letzte Pfingsturlaub war ja auch alles in allem sehr schön, wenn auch nicht ganz problemlos, wie wir gesehen haben.

Vateriges

Petra L. ist eine selbstbewusste junge Frau, sehr emanzipiert und in einem sozialen Beruf tätig. Sie lebt allein, aber keineswegs zurückgezogen und ist sehr beliebt. Im größten Zimmer ihrer Wohnung, in dem sie auch schläft, liegt an der linken Wand, von der Tür aus gesehen, ein Haufen von Gegenständen mit einer Art Zeltplane abgedeckt. Er enthält kunterbunt durcheinander Kleidungsstücke, Schuhe, alte Papiere, Aktenordner, viele nicht geöffnete Geschenkpakete, Schreibutensilien, Tischtennisschläger, gebrauchte Bettwäsche und dergleichen mehr. Wenn sie daran vorbeigeht, ist sie sehr bemüht, den Haufen nicht zu streifen. Ein Schrank, in dem einige der Gegenstände untergebracht waren, bevor sie auf dem Haufen landeten, wird nicht mehr benutzt. Den hintersten Teil des Vorraumes darf sie nicht mehr betreten, und sie wacht sehr streng darüber, dass kein Besucher sich dorthin verirrt. Beide Stellen sind irgendwann mit Gegenständen des Haufens in Berührung gekommen. Einmal war sie kurz in der Küche, ein Bekannter war zu Gast. Als sie das Zimmer wieder betrat, sah sie mit Entsetzen, wie der Besucher, halb auf dem Haufen kauernd, darin wühlte. Sie schrie ihn fast an: »Lass das! Das sind alte Sachen, die ich wegschmeißen muss.« Daraufhin setzte sich der Besucher etwas pikiert auf einen Stuhl und versuchte Konversation zu machen. Bei der Verabschiedung war sie sehr distanziert. Seitdem wird der Stuhl nicht mehr benutzt und steht in einer Ecke mit der Sitzfläche zur Wand.

Die Gegenstände auf dem Haufen sind verseucht, man hat es schon verstanden, so sehr verseucht, dass eine Aktion, die dazu führte, sich ihrer wirklich zu erledigen, erst gar nicht mehr ins Auge gefasst wird. Als ich einmal die verseuchende Substanz als »Vateriges« bezeichnete, war sie sofort einverstanden. »Vateriges« ist das, was an einem Gegenstand haften bleibt, wenn ihn der Vater berührt hat oder berührt haben könnte. Vateriges ist nach den schon bekannten Gesetzen endlos übertragbar und stellt ein beträchtliches Ekelpotential dar, denn eine Berührung damit löst todsicher diesen scheußlichen Affekt aus. Es fungiert darüber hinaus als unzumutbarer Risikofaktor bei den verschiedenartigsten Unternehmungen des Lebens. Vateriges an einem Flugschein könnte die Maschine unzumutbar gefährden, am Kuvert eines Bewerbungsschreibens bedeutete es die sichere Ablehnung seitens der zuständigen Instanz.

Petra ist in einer westdeutschen Kleinstadt aufgewachsen. Der Vater war ihr, seit sie sich erinnern kann, verhasst. Sie beschreibt ihn als vulgär, unbeherrscht und zu keiner Zuneigung fähig. Als er sich einmal besonders widerlich ihr gegenüber verhalten hatte und dann die Wohnung verließ, wohl um seine Kneipe zu besuchen, erinnert sie sich, aufgesprungen zu sein und den Teil der Tischplatte, auf den er seine Hand gelegt hatte, frenetisch mit einem Spülmittel abgewischt zu haben. Sie konnte das Telefon nicht benutzen, ohne die Muschel gesäubert zu haben. Hatte sie keine Gelegenheit dazu, weil die Eltern in der Nähe waren, so ließ sie sich bei einem Anruf lieber verleugnen.

Petra zog nach Berlin und hat den Vater nie mehr gesehen. Einige der Sachen auf dem Haufen waren nachweislich von ihm berührt worden. Andere waren mit solchen in Kontakt gekommen und wurden vermutlich auf die Art verunreinigt. Sachen, die die Mutter ihr schickt, werden erst gar nicht ausgepackt und landen gleich auf dem Haufen. Keine Garantie, dass er sie nicht auch berührt hat. Petra hat dann jedes Mal beim nächsten Telefongespräch sehr viel Mühe, ihre Freude an den Geschenken auszudrücken und zu schildern, welche hervorragende Dienste sie ihr leisten.

Der Vater ist angeblich alt und krank geworden. Sie will nichts Näheres darüber wissen. Das kränkt die Mutter sehr. Vor Jahren hat sie einmal zu Hause angerufen und entgegen seiner Gewohnheit hatte der Vater abgenommen und sich gemeldet. Sie hat gleich aufgelegt und wurde den ganzen Tag ein Gefühl der Beschmutzung nicht los. Seitdem ruft sie nicht mehr an und lässt sich von der Mutter anrufen.

Die Mutter wird Weihnachten wieder ein großes Paket schicken. »Bitte keine Lebensmittel, ich nehme so zu.« Was vermodert alles unter der Zeltplane an der linken Wand von der Tür aus gesehen?

Fünf nicht zu beanstandende Personen

In Wirklichkeit gibt es nichts Natürlicheres als einen toten Körper. Es handelt sich um ein an sich neutrales Subjekt, eine Ansammlung von Proteinen, für die die Gesetze der Biochemie zuständig sind. Sie werden dafür sorgen, dass sich daraus neues Leben entwickelt, wenn auch in einer anderen Form. Auf der Ebene des bewussten Erlebens von Menschen allerdings ist die Leiche etwas Unfassbares: »Weniger als nichts und gleichzeitig schlimmer als nichts« wie Bataille meint. Unfassbar deshalb, weil uns ein vielleicht geliebter Mensch verlassen hat und sich fortan wie ein Gegenstand behandeln lässt. Unfassbar aber auch deshalb, weil die dadurch brutal zu Tage geförderte Erinnerung an den eigenen Tod unerträglich ist. Der Tote wird dadurch zum Skandal. Er lehrt uns etwas, was wir grundsätzlich unfähig sind, zu lernen. Die Lektion erfolgt überall – bei jeder Todesanzeige in der Zeitung, bei jedem Leichenzug eines Unbekannten, der unseren Weg zur Unsterblichkeit kreuzt – kein Schüler weit und breit.

Kulturen sind also gefordert, diesem Skandal ein Ende zu bereiten oder zumindest lindernd einzugreifen. Sie tun das vor allem durch Riten, die überall auf der Welt demselben Zwecke dienen, wenn auch verschiedenartig ausgestaltet. Sie helfen einmal bei der Entledigung des materiellen Substrates, in dem sie der Leiche einen Ort zuweisen, meist reich mit Symbolen des Lebens und der Hoffnung ausgestattet.

Zum anderen nehmen sie sich der Hinterbliebenen an. Sie versammeln zeitweise eine tröstende Gemeinschaft um sie und unterwerfen ihre Gefühlsausbrüche beim Abschied bestimmten Regeln, mit dem Ziel, zu starke Auflösungserscheinungen innerhalb der Gruppe zu verhindern. Somit gelten Todesriten den Lebenden. Sie sind es, die im Mittelpunkt stehen, doch das ahnten wir schon.

Besonders im Mittelpunkt von allem, was den Tod betrifft, haben sich manche Zwangskranke etabliert. Sie begnügen sich nicht damit, am kollektiven Verdrängungsprozess teilzunehmen, der zwischen zwei Leichenfeiern allgemein üblich ist, sondern sie bereichern ihn um eine individuelle Variante, die ganz nach den üblichen Regeln des Zwangs funktioniert:

Dunkle menschliche Ängste vor Leid, Tod oder Verfehlungen an anderen werden an Situationen oder Objekte geknüpft, die dann nach einfachen Regeln manipulierbar sind. Keine Pillen auf die Straße streuen, wisch und die Krankheit ist gebannt, eine Zeltplane über die Demütigungen der Kindheit, und betrete nie das Pflaster, das den Leichenträger trug.

Die Zaubermittel, die Zwangskranke einsetzen, um mit dem Tode auf ihre Art umzugehen, sind vielfältig. Einige davon haben wir schon kennen gelernt. Hier wird der Tod einleuchtenderweise als Substanz behandelt: Es geht um Leichenhaftes, das haftet, und um Todesmaterie, die wie Bakterien, Schmutz oder Vateriges endlos übertragbar ist, und der es sich zu entledigen gilt.

Wieder ein kurzer Extrakt aus dem System einer Patientin:

»Die Angst vor

a) Leichen
b) Personen in Trauerkleidung
c) Personen mit Grabgebinden
d) Trauerkarten
e) Todesanzeigen
f) Beerdigungsgeschäften
g) Friedhöfen

wurde bestimmten, nachfolgend aufgeführten Normen unterworfen.

aa) Nach einem Leichenwagen mussten fünf andere Autos die Straße passieren, ehe ich den Damm überquerte. Zu Hause angekommen, wischte ich die Schuhe feucht ab. Besondere Angst bestand vor offenen Leichenwagen. Die entsprechende Straßenseite wurde gemieden.

bb) Die Berührung von Personen in Trauerkleidung wurde vermieden. Wenn sie unabwendbar war, wurden die berührten Gegenstände nachher feucht abgewischt.

bb) und cc) Schließlich verstärkte sich die Angst vor Personen in Trauerkleidung und mit Grabgebinden derart, dass ich bereits ihren Anblick als Gefahr betrachtete. Sie sollte dadurch gebannt werden, dass ich abwartete, bis fünf nicht zu beanstandende Personen die Straße in der gleichen Richtung passiert hatten, wie zuvor die gefährlichen Personen. Wenn inzwischen eine weitere gefährliche Person vorüberging, erhöhte sich jeweils die Zahl der erforderlich werdenden neutralen Passanten um weitere fünf.«

Tod von Sohlen abgewischt, durch fünf, nicht zu beanstandende Personen seines Stachels beraubt, sprach der Zwang.

Auch Herr W. hat Angst vor allem Leichenhaften. Eines Tages erlitt seine Frau während seiner Abwesenheit einen Herzinfarkt und wurde von einem Nachbarn in ein Krankenhaus gebracht. Während sie auf der Intensivstation mit dem Tod rang, wurde Herr W. in der Wohnung von einer großen Unsicherheit gequält. Was hatte sie nach dem Infarkt, also sozusagen als Quasi-Leiche, noch alles angefasst? Was musste er alles mit lauwarmen Wasser abwaschen und wie oft? Welche Stellen des Fußbodens durfte er nicht betreten?

Ich habe bei der Darstellung von Berührungsängsten und Waschzwängen auf jede Schilderung verzichtet, die abstoßend wirken oder sonst wie die Würde von Betroffenen verletzen könnte. Es ist ein sehr schmerzhaftes Thema. Nur so viel: Die Tragik dieser Menschen wird da deutlich, wo die Werte, die die Krankheit ihnen vorgaukelt, sich genau in das Gegenteil verkehren. Die saubersten Hände haben zu müssen, endet schließlich damit, dass die Haut sich auflöst. Und ihre schönen Hände welken früh.

Zwangsgedanken

Sein eigener Stirnknochen verlegt ihm den Weg,
an seiner eigenen Stirn schlägt er sich die Stirn blutig
Franz Kafka

Alle Menschen, die wir bisher kennen gelernt haben, leiden an Zwangsgedanken, die sich immer wieder aufdrängen und unangenehme Gefühle auslösen. Sie erscheinen ihnen dabei manchmal so plausibel, dass sie sie kaum noch einer kritischen Bewertung unterziehen, oft aber kommen sie ihnen auch geradezu unsinnig vor. In allen

Fällen aber fühlen sie sich gezwungen, etwas zu unternehmen, um die von den Gedanken angekündigten Gefahren abzuwehren. Dieses Abwehrverhalten, etwa in Form von Kontrollen oder Waschen, steht im Vordergrund und beherrscht das Bild.

Nun werden wir Zustände kennen lernen, bei denen die Gedanken als solche dominieren. Die Abwehr dagegen ist zwar vorhanden, nimmt aber andere Formen an und steht mehr im Hintergrund.

Ebenso wenig Rettung vor dir

»Es ist auch wahr, dass du mich kaum einmal wirklich geschlagen hast. Aber das Schreien, das Rotwerden deines Gesichts, das eilige Losmachen der Hosenträger, ihr Bereitliegen auf der Stuhllehne, war für mich fast ärger. Es ist, wie wenn einer gehängt werden soll. Wird er wirklich gehängt, dann ist er tot und es ist alles vorüber. Wenn er aber Vorbereitungen zum Gehängtwerden miterleben muss und erst wenn ihm die Schlinge vor dem Gesicht hängt, von seiner Begnadigung erfährt, so kann er sein Leben lang daran zu leiden haben. Überdies sammelte sich aus diesen vielen Malen, wo ich deiner deutlich gezeigten Meinung nach Prügel verdient hätte, ihnen aber aus deiner Gnade noch knapp entgangen war, wieder nur ein großes Schuldbewusstsein an. Von allen Seiten her kam ich in deine Schuld.«

Ein Auszug aus Kafkas »Brief an den Vater«.

Gisbert Schwarz, der Sohn, den Vater lernten wir schon kennen, war wahrlich kein Salonlöwe und schon gar kein Wüstling. Wie auch, mit 18 Jahren bei seiner Vergangenheit? Doch er hätte Freunde haben können. Aber das Schlimmste war, die wenigen, die er im Ansatz dazu auserkoren hatte, durften die Schwarzsche Wohnung nicht betreten. Es hätte zu viel Unordnung mit sich gebracht und den Vater bei wichtigen Taten gestört. Auch das Telefon stand zu Freundschaft unterhaltenden Zwecken kaum zur Verfügung. Sein Gebrauch war streng reglementiert, es ginge auf seinen Namen, entschied der Vater ein für alle Mal. Sich in die Liste der Benutzer einzutragen, erschien Gisbert nur in Ausnahmefällen opportun. Die vielen Fragen, die sich dann anschlossen und deren Antworten den Vater dann meist zu der Überzeugung kommen ließen, der Anruf sei purer Luxus gewesen, sie waren ihm verhasst. So wurde er immer einsamer, in der Schule stets gelitten, aber doch immer mehr an den Rand verbannt. Zu Hause einsam, immerzu. Seine Freizeit verbrachte er meist mit den Eltern. Er las dann in seinem Zimmer, meist Bücher, die der Vater schätzte und pries. Die wenigen Unternehmungen außer Haus waren straff organisiert und wurden zügig durchgezogen. Allemal lehrreich sollten sie sein und der inneren Erbauung dienen.

So wuchs Gisbert heran. Seine Abiturnote gab der Mutter Anlass zu viel Freude. Dem Vater gegenüber meldete er Vollzug und wurde ehrenhaft aus dem Gymnasium entlassen. Nun sollte er studieren, Bibliothekswissenschaften, wie gehabt.

Im Sommerurlaub vor Studienbeginn weilte die Familie Schwarz am Meer. Der Vater, der etwas von einem gesundem Körper hielt, schwamm gern und war ein guter Schwimmer. Eines Tages, Gisbert wird es nie vergessen, es war am 21. Juli gegen 11.00 Uhr fast, war der Vater im Wasser und wagte sich weit hinaus. Als die Mutter es bemerkte, stieß sie erschrocken hervor: »Um Gottes willen, hoffentlich ertrinkt er nicht.«

Gisbert sah von seinem Buch auf, da traf ihn der Gedanke: »Soll er doch ersaufen.« Und dann noch einmal: »Er soll ersaufen.« Gisbert erschrak so sehr, dass er für die Mutter sichtbar zusammenzuckte. »Nein, nein«, beruhigte sie ihn, »er kommt ja schon zurück.« Der Vater kam zurück und der Sohn hätte seinen Blick nicht ausgehalten. So sagte er etwas von Kopfschmerzen und ging auf sein Zimmer. Er legte sich auf das Bett und fragte sich, was war das eben.

Nun war es nicht so, dass er sich in der Vergangenheit nie über den Vater innerlich beschwert hätte. Es gab manchmal Anlässe dazu, wenn er zu streng war oder wenn er mit der Mutter wegen Nichtigkeiten nörgelte. Aber meist behielt er Recht und Gisbert sah ein, dass einer für die große Linie sorgen musste. »Etwas abgehoben«, war dann sein Urteil über den Vater. Doch er schuldete ihm Respekt und empfand ihn auch. Nie hätte er sich innerlich gegen den Vater aufgelehnt, auch nicht beim Zucken damals.

Mit 14 hatte er ein lästiges Problem, einen Schultertick. Die rechte Schulter zuckte oft, was in der Familie Anlass zu Vorwürfen gab, in der Klasse zu Spott und Nachäffen. Der Vater hatte ihn deswegen zu einem Orthopäden begleitet. Der fand keinen Befund und sagte etwas von innerer Spannung und Protest, vielleicht, und empfahl Gymnastik und frische Luft. Der Vater reagierte verständnislos und empfand die Diagnose samt Therapie als stümperhaft. Gisbert verstand auch nichts und zuckte weiter. Oft mit Seitenblick auf den Vater, der ihm stets Disziplinlosigkeit vorwarf. Damals fühlte er sich sehr unglücklich und vom Vater im Stich gelassen. Er war sehr traurig und weinte heimlich. Die Mutter wurde manchmal ausgesprochen ärgerlich über den Vater und meinte: »Lass den Jungen.« Doch Gisbert hatte nur Schuldgefühle, weil er nicht disziplinlos sein wollte. Es wäre kein guter Start im Leben gewesen und vom Vater zurecht gerügt. Das Zucken ließ nach, verschwand schließlich ganz. Das war Gisberts schwierigste Zeit mit dem Vater gewesen. Sonst war es doch immer, mit wenigen Ausnahmen, harmonisch. Und nun plötzlich dieser Gedanke. Das war er doch nicht. Das hätte er doch nicht gedacht. Der Vater möge ertrinken, ersaufen, hatte der Gedanke gesagt. War irgendein Gefühl dabei gewesen? Nichts als Abscheu vor sich selbst, augenblicklich. Aber jetzt empfand Gisbert nagende Schuldgefühle und Angst, dass sich so was wiederholen könne. Das durfte nicht sein. Er fing wie fieberhaft an, alles Positive, das ihm zum Vater einfiel, aufzuzählen. Er war tüchtig, gewissenhaft, hatte sich immer um alles gekümmert, für alle gesorgt. Er war belesen, immer gerecht, er stellte seinen Mann im Leben, von allen geachtet, ein hervorragender Bibliothekar, wie Gisbert einer werden wollte. Er empfand ein deutliches Bedürfnis dem Vater gegenüber, alles wiedergutzumachen und fuhr fort, ihn innerlich zu loben. Schließlich wurde er etwas ruhiger, es war alles Quatsch gewesen, eine Sicherung war für eine Sekunde im Gehirn durchgebrannt. Das hatte nichts mit ihm zu tun. Gisbert beschloss, zu den Eltern zurückzukehren. Er sah den Vater etwas befangen an, horchte kurz in sich hinein, . . . nein, es war alles in Ordnung. Der Vater hatte eine Muschelschale gefunden und war dabei, der Mutter deren chemische Zusammensetzung zu erläutern. Gisbert setzte sich dazu und lernte mit.

Das erste Semester an der Universität fiel Gisbert schwer. Er war viel außer Haus und der Studienbetrieb war so wenig organisiert, dass eigene Entscheidungen getroffen werden mussten. Gisbert war das nicht gewohnt und tat sich schwer dabei. Die Kontakte zu den Mitstudenten beschränkten sich im Wesentlichen auf kurze Gespräche über den Lehrbetrieb. Manche verabredeten sich in seiner Gegenwart zu irgendwelchen Unternehmungen, ohne ihn einzubeziehen, und er hätte sich auch nie von sich aus bemerkbar gemacht. Alles in allem, Gisbert Schwarz fühlte sich nicht besonders wohl zu Beginn seiner neuen Lebensphase.

Da ereignete sich eines Tages während einer Vorlesung folgendes: Der Dozent sprach gerade über die sagenhafte

Bibliothek in Alexandrien, die vollkommen abbrannte, wobei die wertvollsten Bücher unwiederbringlich verloren gingen. Auf einmal durchfuhr Gisbert der Gedanke: Ich könnte die Institutsbibliothek anzünden. Er tat das Ganze zunächst als Blödsinn ab, aber der Gedanke wollte nicht aus seinem Kopf. Die Vorstellung, in der Bibliothek Feuer zu legen, drängte sich ihm immer wieder auf. Er fühlte sich gezwungen, sie sich immer konkreter auszumalen und sträubte sich gleichzeitig stark dagegen. Wo würde er Feuer legen? Womit? Wie? An mehreren Stellen gleichzeitig? Gisbert hörte seit geraumer Zeit nichts mehr um sich herum und rückte immer unruhiger auf seinem Stuhl hin und her. Er bemerkte, dass ihm heiß wurde, sein Herz begann wie wild zu schlagen. Die Bilder drehten sich in seinem Kopf, er stand auf und verließ den Raum. Der Gedanke an das Feuer trat etwas zurück, aber er stellte sich unentwegt die Frage: Was ist bloß los mit mir? Und sagte sich, das kann doch nicht normal sein. Als er zu Hause ankam, erblickte er am Schlüsselbrett den bunten, aus Holz geschnitzten Schlüsselanhänger aus Teneriffa und hatte gleichzeitig ein Bild vor Augen: La Caleta, der Strand. Er hatte den Vorfall fast vergessen. Heute war nicht das erste Mal gewesen! Der Vater saß in seinem Arbeitszimmer, durch Gisberts Kopf hallte es, er soll ersaufen. Nein, das will ich nicht. Und er bekam immer mehr Angst.

Ich will im Folgenden die Zwangserkrankung von Gisbert Schwarz systematisch darstellen. Die Erkrankung beginnt in einer Periode seines Lebens, die durch vermehrte Anspannung und Unsicherheit gekennzeichnet ist. Das Abitur ist geschafft, nun kommt die Studienzeit, die neue Anforderungen stellt. Plötzlich tauchen wie aus dem Nichts Gedanken auf, die zunächst vom Betroffenen selber eher als eine momentane Störung erlebt werden: Wieso nur kommt mir jetzt dieser Gedanke? Wenn ihm der Inhalt der Gedanken bewusst wird, wird er unruhig. Wie kann ich so etwas denken? Die ersten Zwangsgedanken Gisberts haben einen aggressiven Inhalt. Das ist häufig so. Andere typische Inhalte sind: Eigenes Versagen in moralischer Hinsicht oder in Bezug auf Leistung und Ansehen, Sorge um die eigene Gesundheit, Beschäftigung mit Tod, Schmutz und Unheil, das der eigenen Person oder anderen widerfahren könnte. Daneben können aber auch Gedanken auftreten, die keinerlei Sinn für den Betroffenen machen und ihm absurd vorkommen.

Diese Gedanken kehren immer wieder und sind kaum abzuschütteln. Auf Grund ihres negativen Inhalts lösen sie Unruhe, Selbstvorwürfe oder Angst bis zur Panik aus. Oft werden sie auch von starken, unangenehmen körperlichen Empfindungen wie Herzklopfen und so weiter begleitet.

Sie werden, und das ist besonders wichtig, nicht als Ausdruck eines Wunsches erlebt, den der Kranke bewusst hat. Gisbert denkt also nicht: Der Vater hat mich all die Jahre so schlecht behandelt, soll er zum Teufel gehen. Oder, dieses Studienfach ist Schrott, am besten zünde ich den ganzen Laden an. Im Gegenteil: Im selben Moment, in dem der Gedanke bewusst wird, empfindet er eine heftige innere Auflehnung dagegen und wird zunehmend unruhig darüber, dass ihm so etwas durch den Kopf geht.

Wir wissen aus der Forschung, dass durch einen inzwischen gut bekannten psychologischen Mechanismus, Zwangsgedanken immer hartnäckiger werden, je stärker die Angst und die Unsicherheit ist, die sie hervorrufen. Das macht verständlich, auf welchem seelischen Nährboden solche Erkrankungen meist entstehen. Es sind oft schon verunsicherte, moralisch sehr streng ausgerichtete Menschen, die schnell zu starken Schuldgefühlen und Selbstvorwürfen neigen. Sie sind besonders anfällig dafür. Das erzieherische Klima, das solche Persönlichkeiten hervorruft, ist uns aus dem Hause Schwarz wohl bekannt.

Wir haben anhand der Passage aus Kafkas Brief ersehen können, wie paradoxerweise gerade die harsche Behandlung des Erziehers bei dem Kind Schuldgefühle ihm gegenüber erzeugen kann. Um so schuldiger werden sie sich gerade in dem Moment fühlen, in dem Gedanken wie diejenigen Gisberts auftreten. Er stellt sich dann Fragen wie: Bin ich wirklich ein so schlechter und undankbarer Mensch? Bin ich innerlich völlig verrottet und der Sünde verfallen? Werde ich wirklich so etwas machen, wie die Bibliothek anzünden, wenn mir solche Gedanken kommen?

Die Inhalte von Zwangsgedanken können im Laufe der Zeit wechseln, behalten aber immer ihre unangenehme Tönung. So traten bei Gisbert Schwarz zusätzlich folgende Gedanken neben vielen anderen auf:

– Er könne durch Unaufmerksamkeit mit Streichhölzern, einem Feuerzeug oder durch übermäßiges Aufdrehen der Heizung die elterliche Wohnung anzünden.

– Er könne während des Unterricht ungewollt und unvermittelt »schweinische« Wörter ausrufen. Ihm gingen »Gotteslästerungen« durch den Kopf; Gott wurde darin mit den schlimmsten Namen belegt.

– Er könne durch absichtliche Fehlbedienung des Institutscomputers ganze Datenbanken unbrauchbar machen.

– Daneben traten langandauernde Zwangsgedanken auf, die sich mit »Pseudofragen« beschäftigten. Sie kamen ihm von vorneherein als sinnlos vor, aber er fühlte sich gezwungen ihnen nachzugehen. Beispiele: Welche Gegenstände aus seiner Wohnung würde Dozent X auswählen, wenn er nur 20 Kilo mit auf eine Insel nehmen könnte? Wie viel wiegen die einzelnen Sachen, und auf welche würde er verzichten, wenn er im letzten Moment sich noch von 10 Kilo trennen müsste? Oder: Wenn man sich alle Päpste auf einem Haufen vorstellt, nach welchen Kriterien wäre es dann möglich, sie in eine Rangfolge zu bringen? Zum Beispiel nach dem Breitengrad ihres Geburtsortes, nach Körpergröße, Amtsdauer, Anzahl der gelesenen Messen und so weiter?

– Schließlich die Angst, bei allen möglichen Gesprächen »unpassende« Äußerungen zu machen, das heißt, Sachen zu äußern, die nichts mit den Gesprächen zu tun haben und bei anderen nur Unverständis hervorrufen. Beispiel: Plötzlich zu einem Dozenten sagen: »Lass die Sektkorken knallen, du Ebenso-Kopf.« Gisbert bekam starke Angst vor dem, was er unkontrolliertes Reden nannte, also spontane Äußerungen, die er nicht akribisch vorbereitet hatte.

Die Reaktion von Zwangskranken auf ihre Gedanken können recht unterschiedlich sein. Oft ist es so, dass sie sich ihrer schämen und Schuldgefühle entwickeln, weil die Gedanken die elementarsten Normen ihres Wertesystems verletzen und von daher völlig untragbar erscheinen. Zwangsgedanken setzen gerade da an, wo der Mensch am empfindlichsten ist. So können besonders tiefreligiöse und darüber hinaus ängstliche Menschen von Gotteslästerungen der übelsten Art befallen werden. Gisbert, dem der Respekt vor dem Vater und vor Autoritäten mit allen tauglichen und untauglichen Mitteln geradezu eingeimpft worden war, erschrak besonders vor seinen aggressiven Gedanken, die alle seine inneren Tabus verletzten. In anderen Fällen besteht die Angst vor allem darin, »gezwungen zu sein«, das zu tun, was die Gedanken beinhalten. So zum Beispiel die Angst vor dem Ausprechen von Obszönitäten bei den unpassendsten Gelegenheiten, das heißt da, wo sie am meisten Skandal erregen würden und den Schuldigen sozial vernichten könnten.

Oft wird den Zwangsgedanken aber noch eine andere Wirkung zugemessen, die ihnen einen besonders entsetzlichen Charakter verleiht. Es taucht eine Art Glaube an eine mögliche »Fernwirkung« der Gedanken auf und das ruft besonders viel Angst hervor. Wir haben das schon in einem anderen Zusammenhang an einem Beispiel gesehen. Kästchen, die symbolisch für Särge stehen, dürfen nicht am Bildschirm gesetzt werden. Es könnte den Eltern Unglück bringen, etwa in Form einer schweren Krankheit. Ähnlich bei Zwangsgedanken. Zu Herrn Hirsch fiel Gisbert einmal Sechsender ein und jedes Mal wenn diese Assoziation wieder auftauchte, befürchtete er dadurch, Herrn X ein sechsfaches Ende zu bereiten. Auf die Art entsteht so etwas wie ein persönlicher Aberglaube, an dessen Grundfesten, so absurd es auch sein mag, meist nicht gerüttelt wird. Als abergläubisch bezeichnen wir jemand, der eine ursächliche, aber willkürlich gesetzte Beziehung herstellt zwischen einem für bedeutend gehaltenen Faktum – ich denke an etwas – und einem zukünftigen Ereignis, dessen Eintreffen erhofft oder befürchtet wird. Auf diese Weise sehe ich mich in der Lage, ein gewisses Maß an Kontrolle über die Zukunft oder auch über andere Menschen auszuüben. Beim Zwang allerdings geht es nur um bedrohliche Auswirkungen.

Es kann dabei, und das ist typisch für Zwangskranke, eine Art »doppelte Buchführung« im Bewusstsein herrschen. Bei den meisten Dingen des Lebens richten sie sich durchaus nach vernünftigen Maßstäben, im Beruf zum Beispiel gehen sie vor wie alle anderen auch. Der Zwang aber beruht auf irrationalen Annahmen und sie »müssen« sich nach ihnen richten.

Schließlich hatte ich schon angedeutet, dass auch da, wo Zwangsgedanken im Vordergrund stehen, eine Abwehr dagegen besteht. Der Kranke versucht sich dadurch vor Unruhe, Ängsten und Schuldgefühlen zu schützen. Bei den meisten Krankheitsformen, die wir bislang kennen gelernt haben, waren die »Gefahren«, die im Zentrum des Zwangssystems stehen, meist in der Umwelt des

Patienten angesiedelt. Schmutz haftet an den Dingen, etwas wurde übersehen und so weiter. Hier gehen sie vom Kranken selber aus: Es sind seine Gedanken, seine Vorstellungen, die neutralisiert werden müssen. Statt Neutralisierung kann man auch Annullieren sagen. Er muss mit allen Mitteln seine Gedanken »ungeschehen« machen und so oft wie möglich die Gelegenheiten vermeiden, bei denen sie gehäuft auftreten könnten.

Die diversen Formen des Gegenzwangs haben eine symbolische Bedeutung, wie oft der Zwang auch. Der Zwangskranke erlebt sie aber allemal und unreflektiert als »die gegebenen Mittel«, um sein Vergehen in Form von Zwangsgedanken rückgängig zu machen.

Dabei können sie oft recht merkwürdige Formen annehmen. Sehen wir uns das am Beispiel Gisberts Schwarz' an.

– Aggressive Gedanken gegenüber dem Vater: Er reibt sich an der Stirn, um die schlechten Gedanken »herauszumassieren«; bei besonders hartnäckigen Gedanken muss er sich an drei Wohltaten oder besondere Leistungen des Vaters erinnern und sie in sein Gehirn »einpflanzen«, rechts, in der Mitte und links; kommt ihm ein agressiver Gedanke auf dem Weg zu einer wichtigen Unternehmung, so geht er den Weg zurück und versucht, ohne schlechte Gedanken wegzukommen. Das geschieht oft mehrmals hintereinander.

– Anzünden der Bibliothek oder der Wohnung: Er krallt die Hände hinter dem Rücken ineinander, vermeidet es mit Feuerzeugen in Kontakt zu kommen, vermeidet an Tabakgeschäften vorbeizugehen und wechselt lieber die Straßenseite.

– Herausschreien obszöner Wörter: Stopft sich bei Vorlesungen so weit wie möglich den Mund voller Bonbons, um »nicht verstanden« zu werden, sollte es losgehen; hält sich unauffällig die Hand vor den Mund. Muss er im Unterricht aktiv teilnehmen, was selten passiert, so ist die Angst besonders groß. Er bereitet sich darauf vor, indem er zu Hause »die Zunge erzieht«, das heißt sie Übungen in Form von Kreuzzeichen machen lässt.

– Gegen Gotteslästerungen: Gebetsrituale.

– Hat er etwas gehört, das bei ihm schlechte Assoziationen hervorruft, so kratzt er sich die Gehörgänge aus; hat er etwas gesehen, so reibt er an den Augen.

Dies ist nur ein Auszug. So hilfreich die Angst reduzierenden Annullierungen kurzfristig für den Betroffenen auch sein mögen, sie sind es paradoxerweise, die die Zwangsgedanken langfristig am Leben erhalten, ein Teufelskreis.

Nun haben wir nach dem Vater auch den Sohn kennen gelernt. Was dem Vater noch als Tugend gilt, Genauigkeit, Gewissenhaftigkeit und ständiges Absichern gegenüber Gefahren, findet sich im Kern auch in der Erkrankung des Sohnes wieder, allerdings aufs Entsetzlichste bis zur Unkenntlichkeit entstellt. Der Vater ist oft stolz auf seine Art, der Sohn leidet bis zur Verzweiflung. Beim Vater konnten wir einiges noch mit leiser Ironie bestaunen, beim Sohn ist dies nicht mehr möglich. Es ging mir nicht darum, den Schuldigen auszumachen. Würde man den Vater bezichtigen, an der Krankheit seines Sohnes schuld zu sein, so würde er sich zu Recht dagegen wehren. Zwangsstörungen sind komplex und vieles kommt zusammen bei ihrer Entstehung. Aber ein Faktor dabei sind zweifelsfrei Erziehungseinflüsse und frühkindliches Erleben, neben anderem, wie gesagt.

Irgendwie muss jeder vor jedem gerettet werden, der von allzu großer Bedeutung in seinem Leben ist. Auf den ersten Blick mögen einige auf den Gedanken kommen, »Krankheit« stelle eine solche Rettung dar. Den Versuch vielleicht, aber nie mehr. Krankheit als Weg und ähnliches Gefasel. Ein Zwang stellt keine Rettung dar. Ich hoffe, das wurde deutlich.

»Der Gesunde« sei von hinnen gegangen, meldeten die Zeitungen.

Damit trifft Robert Walser den Nerv eines jeden Hypochonders. Krankheiten, auch die ärgsten, kündigen sich nicht groß an. Sie sind von einem Augenblick zum anderen da. Was auch immer die Ärzte, blasse Statisten auf dem Weg zum Acker, verkündeten, vorgestern oder vor fünf Minuten, sie taten es aus Unwissenheit, Kalkül oder um dir die letzte Stunde zu versüßen: Vergiss es! Deine Ahnungen täuschen nie. Du lauerst und wirst fündig. Zerfledderter Pschyrembel. Dein Ziehen in der Brust allein kommt aus der Tiefe, packt eure Apparatemedizin ein, die Stunde naht, und das seit vierzig Jahren.

Ein gewisses Misstrauen allem Körperlichen gegenüber ist uns schon bei der Betrachtung der zwanghaften Persönlichkeit begegnet. Dieses Misstrauen kann eine solche Zuspitzung erfahren, dass das Thema »Krankheiten« vollends in den Mittelpunkt rückt. Gedanken sie betreffend, nehmen dann richtiggehend die Form von Zwangsgedanken an. Im Gegensatz zu vielen anderen Formen besteht so gut wie keine innere Distanz dazu: Für den Betroffenen sind sie ein untrügliches Zeichen für seinen wahren Zustand. Sie lösen eine vermehrte Selbstbeobachtung aus, die in eine inquisitorische Bespitzelung einzelner Organe übergehen kann. Natürliche Körperabläufe werden gestört und am Ende können auf die Art wirklich Empfindungen ausgelöst werden, harmlos zwar, aber für den Hypochonder wiederum ein untrügliches Zeichen, und das ganze Karussell dreht sich immer schneller.

Ein Beispiel.

Herr Lautermann ist fünfzig und von Beruf Musiker. Er wuchs auf in einer Kleinstadt, die ihm rückblickend als

Inbegriff von Düsterheit erscheint. Schmale Gassen, wuchtige Mauern, dunkle Hauseingänge. Auch die Erinnerung an die elterliche Wohnung wirkt eher beklemmend. Große, hohe Räume, massive, fast schwarze Möbel. Der Vater war von berufswegen fast immer abwesend. Das Problem mit der Mutter war ihre Anwesenheit. Sie ließ den Jungen nicht aus den Augen. Er musste mit ihr Hand in Hand einkaufen gehen, sie hätte ihn nicht fünf Minuten allein zu Hause gelassen. Wenn es draußen kalt wurde, verstaute sie ihn unter zwei Pullovern, einer Jacke, einem Mantel und zwei Schals. Das war gut gegen Kälte, er sah es ein. Als er schon zur Schule ging, wurde er noch abends auf dem Küchentisch gewaschen und gepudert. Er schämte sich dessen manchmal, aber die Mutter sprach: Es ist für die Gesundheit. Überhaupt war Kranksein schon sehr früh ein Thema für ihn. Einmal hatte er einen Höcker auf seinem Hinterkopf ertastet und war überzeugt, es sei eine Knochenwucherung. Seitdem prüfte er jeden Abend vor dem Schlafengehen, wie weit die Wucherung schon fortgeschritten war und schlief nur noch auf der rechten Seite, um sie nicht zu reizen. Nachdem er im Radio etwas von Gehirntumoren gehört hatte, spürte er, wie sein Tumor langsam aber stetig sein Gehirn erdrückte, und dabei, sozusagen als Nebenprodukt, seine schlechten Mathematiknoten produzierte. Auf der anderen Seite trieb der Tumor unauflässlich die Wucherung voran.

Einmal als er deswegen wieder von panischer Angst befallen war, nahm er Schuhcreme, etwas von seinen Lieblingsspielsachen, Reisig, dunkelrote glänzende Kastanien, schweres Packpapier, häufte sie in der Küche auf dem Fensterbrett und brachte Gott ein Brandopfer dar. Die Wucherung wuchs langsamer.

Einmal hatte er gehört, grüne Farbe sei gut für die Augen. Er fühlte sich verpflichtet, alles grün zu machen. Erst kaufte er grüne Tinte, grüne Stifte, sowie grünes Geschenkpapier, mit dem er seine teuerste Habe umwickelte. Dann besorgte er sich Farbe und fing an, in der Stadt heimlich damit Wände anzumalen, um die Augen der Leute zu schonen. Abends schlich er sich in die Oberschule und malte die Wände der Knabentoilette Strich für Strich grün an. Er hatte fürchterliche Angst entdeckt zu werden, obwohl er es doch der allgemeinen Gesundheit zuliebe tat. Einmal deutete alles darauf hin, dass er Lepra habe. Ein Opferritual, das in einer Wegwerfaktion gipfelte, während der er sich seiner Lieblingsspielzeuge (grün eingepackt) entledigte, trug wesentlich zur Überwindung dieser nicht ungefährlichen Seuche bei.

Einmal musste er wegen einer infektiösen Grippe eine Woche das Bett hüten. Der Hausarzt (oder war es die Mutter?) diagnostizierte zusätzlich einen schweren Herzklappenfehler. Heute behaupten alle Ärzte, dies müsse eine Fehldiagnose gewesen sein, aber seitdem ist es das Herz, fast nur noch das Herz. Es schlägt. Man spürt es. Wie schlägt es? Wie lange noch? O verloren.

Lautermann, Musiker in exponierter Stellung, ist berüchtigt für seine Ausfälle. Seine Konzerte sagt er meist aus der Notaufnahme eines Krankenhauses ab, bevor er den Arzt sprechen kann. Dann ist die Angst am größten. Ärzte kennt er viele, er sucht ständig neue auf. Ein volles Dutzend hochschulerprobter Kapazitäten, quer über die Republik verstreut, attestierten Befundlosigkeit, was das Herz anbelangt. Die Beitrittsländer harren noch ihrer Erschließung.

Der Vorgang ist jedes Mal derselbe. Lautermanns Angst: Das Herz versagt und er fällt tot um. Dafür gibt es tausenderlei Anzeichen immer wieder. An ein anderes Ende denkt er nicht. Spürt er irgendetwas in der Gegend, alle zwei Tage sicherlich, fängt er an sich Sorgen zu machen. Dann kommt die Angst, das Herz schlägt schneller, die Sorgen werden rasend und er beginnt zu telefonieren. Die Gesprächspartner kennen das Ritual. Sie bilden eine verschworene Gemeinschaft, die Informationen untereinander austauscht über Strategien zur Minderung seiner Pein. Sie beruhigen, beschwichtigen, trösten, verweisen auf gestern, rezitieren auswendig eingeholte Gutachten und dergleichen mehr. Gelegentlich bricht einer ein, versagt und äußerst beim sechsten Anruf: Dann geh‹ halt zum Arzt. Der wird dann geholt oder aufgesucht und kann nichts finden. Herr Lautermann ist sehr erleichtert, euphorisch fast, und dann sehr kreativ.

Doch das nächste Mal ist es wieder gleich, als wäre nichts gewesen. Die Gedanken sind es. Herr Lautermann leidet sehr und die anderen auch. Man hat ihn gerne. Die Sache ist ernst.

Am Ende behält der Hypochonder dann doch Recht, auf irgendeine Weise. Doch welch ein Aufstand, auf dem Weg zum Acker.

Selbsthilfe und Psychotherapie bei Zwangserkrankungen

Und draußen war ein Tag aus Blau und Grün
mit einem Ruf von Rot an hellen Stellen
Rainer Maria Rilke

Das sollten Sie wissen: Häufige Fragen zur Zwangserkrankung

Bevor ich zu den Möglichkeiten einer nützlichen und verantwortungsvollen Selbsthilfe bei Betroffenen Stellung nehme, möchte ich noch kurz auf einige typische Fragen eingehen, die mir von Patienten und in Briefen immer wieder gestellt werden.

Auf die Art können wir auch einiges von dem schon Gesagten kurz wiederholen, zusammenfassen und ergänzen.

Häufige Fragen

Ich habe Ihnen meine Probleme geschildert. Was ist mit mir los? Bin ich krank?

Was Sie mir geschildert haben, kann man in der Tat eine »seelische Störung« oder, wenn Sie so wollen, eine Krankheit nennen. Aber dieser Ausdruck soll Sie nicht erschrecken.

Genau wie beim Menschen einige seiner Organe, wie das Herz oder die Leber oder die Wirbelsäule, in ihrer

Funktionsweise gestört sein können, kann auch seine »Seele« zeitweilig aus dem Gleichgewicht geraten. Er leidet dann gehäuft an unangenehmen Gefühlen wie Angst, Ekel oder Niedergeschlagenheit, er erlebt sich in seinem täglichen Leben als überfordert oder zeigt ein Verhalten, das ihm selber oder anderen als »nicht normal« vorkommt. Dabei können andere Bereiche seines Innenlebens und seines Verhaltens davon völlig unbetroffen sein. Tritt ein solcher Fall zeitweilig ein, so sprechen wir von einer seelischen Störung oder von einer psychischen Erkrankung. Die meisten sind übrigens vollständig zu heilen, wie bestimmte körperliche Erkrankungen auch, ja in einigen Fällen verschwinden sie von selber, d.h. ohne gezielte professionelle Hilfe. Man könnte sagen, der Mensch hat seine Krise überwunden, oder auch: Das Leben als solches, oft in Form von menschlichen oder anderen günstigen Umständen, hat ihn geheilt. In anderen Fällen bedarf es einer gezielten Hilfe, etwa in Form einer Therapie.

Sind auch bei Zwangserkrankungen Teile des Körpers zerstört? Sind meine Nerven kaputt? Ist mein Gehirn ganz oder teilweise außer Funktion gesetzt?

Alles, was sich beim Menschen im Erleben und in dem Verhalten abspielt, hat auch eine Beziehung zu seinem Körper, besonders zu dem Gehirn. Man spricht deshalb auch von der Leib-Seele-Einheit.

Vorweg: Kein Teil Ihres Körpers ist zerstört, Ihre Nerven sind nicht kaputt und Ihr Gehirn ist nicht außer Funktion gesetzt. Es wurde lediglich festgestellt, dass mit der Zwangserkrankung bestimmte ungewöhnliche Prozesse im Gehirn einhergehen. So ist der Stoffwechsel in einem bestimmten Teil deutlich erhöht. Das zeigt an, dass dort eine vermehrte Aktivität stattfindet. Diese Gehirnanteile sind verantwortlich für uralte Verhaltens- und

Denkmuster, die im Wesentlichen dem Schutz und der Absicherung dienen. Auch Kontrollmechanismen anderer Gehirnteile, die diese älteren Zentren dämpfen und in ihrer Auswirkung auf das Erleben sozusagen »an der Kandare halten«, verlaufen nicht optimal. Insofern haben auch Zwänge eine gewisse Basis in unserem Gehirngeschehen, wie übrigens jedes andere menschliche Erleben auch. Doch die meisten anderen Abläufe verlaufen auch bei Zwangskranken völlig normal. Interessanterweise haben Forscher herausgefunden, dass die Unregelmäßigkeiten im Gehirn voll rückgängig zu machen sind, z.B. durch eine erfolgreiche Verhaltenstherapie.

Leide ich an einer Geisteskrankheit? Bin ich verrückt oder dabei, es zu werden?

Solche Fragen drücken eine tief greifende Verunsicherung bezüglich des eigenen Zustandes und der eigenen Zukunft aus. An der Stelle darf ich Sie mit gutem Gewissen beruhigen. Zwangserkrankungen werden nicht zu den »Geisteskrankheiten«, den so genannten Psychosen, gerechnet und bilden auch kein Vorläuferstadium dazu. Beide Störungen sind völlig voneinander unabhängig. Wenn Sie an einer Zwangsstörung leiden,sind Sie also nicht verrückt und auch nicht dabei, es zu werden.

Kann ich heiraten, Kinder in die Welt setzen, einen normalen Beruf ausüben? Bin ich überhaupt noch zurechnungsfähig?

Sie sind voll zurechnungsfähig und können ein ganz normales Leben führen, siehe oben.

Nur manchmal merken Sie, dass die Zwangsgedanken und -handlungen Sie dabei stören, sowohl bei Ihren Beziehungen wie auch bei der Arbeit. Die Hartnäckigkeit, mit der Ihre Erkrankung Sie »zwingt«, falsche Ziele kurzfristig zu verfolgen, erweist sich manchmal als sehr störend. Insofern kann die Zwangskrankheit ein Erschwernis bilden, und es ist um so wichtiger, dass Sie etwas dagegen unternehmen.

Ich fühle mich oft so zerrissen.
Auf der einen Seite muss ich bestimmte Dinge denken und tun, auf der anderen Seite finde ich sie oft geradezu unsinnig.
Bedeutet das nicht, dass ich eine »gespaltene Persönlichkeit« bin, d.h. schizophren?

Zwangserkrankungen sind keine Form der Schizophrenie. Beide Krankheiten sind völlig voneinander unabhängig. Das Gefühl der inneren Zerrissenheit drücken viele Betroffene in der einen oder anderen Form aus.

Es betrifft einmal das, was Sie eben gesagt haben: Auf der einen Seite die Gedanken und die Handlungen, von denen Sie glauben, sie denken und sie tun zu müssen.

Auf der anderen Seite haben Sie eine mehr oder weniger große Distanz dazu, d.h. Sie erleben sie als übertrieben oder gar als unsinnig.

Sie sind sozusagen gezwungen, gleichzeitig in zwei Welten zu leben und sie unter einen Hut zu bringen: Auf der einen Seite das normale Leben mit seinen Aufgaben und Anforderungen, auf der anderen Seite das, was Ihre Krankheit, d.h. was der Zwang Ihnen auferlegt.

Je nach der Situation tritt die eine oder die andere Seite mehr in den Vordergrund.

Sie haben dann den Eindruck, dass Sie eine »gespaltene Persönlichkeit« sind, aber das hat nichts mit einer Geisteskrankheit zu tun, sondern ist ein ganz normales Empfinden, das Ihre schwierige Lage wiedergibt.

Was ist denn nun eine Zwangserkrankung?

Die wichtigsten Merkmale von Zwangserkrankungen nach den international anerkannten Diagnosekriterien (ICD 10) sind:

- Zwangsgedanken oder Zwangshandlungen (oder beides) erfolgen so gut wie jeden Tag über einen Zeitraum von mindestens 2 Wochen.

- Die Zwangsgedanken werden von Betroffenen als die eigenen angesehen. Sie haben nicht den Eindruck, dass sie ihnen von anderen Personen oder von äußeren Einflüssen vorgegeben werden.

- Die Zwangsgedanken oder -handlungen treten ständig wieder auf. Sie werden als störend und als unangenehm empfunden. Es besteht eine gewisse innere Distanz dazu, die von Situation zu Situation schwanken kann. In ruhigen Momenten werden sie als völlig sinnlos anerkannt.

- Der Betroffene versucht Widerstand gegen die Zwangssymptome zu leisten, ist dabei aber meist nicht erfolgreich.

- Der Betroffene leidet an den Symptomen. Er wird in seinem Sozialleben und in seiner Leistungsfähigkeit gehindert, z.T. auch deshalb, weil der Zwang einen hohen zeitlichen Aufwand verlangt.

Ich fühle mich manchmal so niedergeschlagen, geradezu depressiv. Wird das immer so sein oder schlimmer werden?

Ein großer Teil der Zwangskranken leiden sehr häufig an depressiven Verstimmungen.

Sie sind teilweise ein Ergebnis der vielen Verzichte, die der Zwang im täglichen Leben auferlegt, und der Freudlosigkeit, die dadurch entsteht.

Zum anderen fühlen sie sich häufig erschöpft und haben das Gefühl, den ständigen Anforderungen, die die Zwangserkrankung mit sich bringt, nicht mehr gewachsen zu sein. Sie glauben dann, nie mehr ein befriedigendes Leben führen zu können, und das kann zur Niedergeschlagenheit bis zur seelischen Depression führen.

Die Stimmung bessert sich dann, wenn die Zwangserkrankung sich bessert, in einigen Fällen muss die Depression gesondert medikamentös oder psychotherapeutisch behandelt werden.

Ich habe manchmal das Gefühl, nicht mehr richtig zu leben und wie ein Automat durch die Gegend zu laufen. Warum ist das so?

Diese Empfindung haben viele Zwangskranke.

Sie ist ein integraler Bestandteil der Störung. Es ist das Gefühl innerlich wie leer oder zumindest blockiert zu sein, mit einem Wort, keine ganze voll lebendige Person zu sein. Wir nennen diesen von den Betroffenen erfundenen Zustand auch »Depersonalisation«. Manchmal kommt ihnen auch die Umgebung, in der sie sich gerade bewegen, als irreal, unscharf und unwirklich vor. Dann sprechen wir von »Derealisation«.

Diese Empfindungen entstehen zum Teil dadurch, dass normale Gefühle nicht mehr voll zur Entfaltung kommen, weil sie immer wieder überlagert werden durch die »falsche Ordnung«, die durch die Unterwerfung unter die die Diktate des Zwanges kurzfristig entsteht.

Diese Krankheitsempfindungen werden in dem Maße zurückgehen, wie es gelingt, den Zwang abzubauen. Wichtig dabei ist: Betroffene haben die Fähigkeit, sich wieder voll lebendig und die Welt als reich und bunt zu empfinden, nicht ein für alle mal verloren, sondern sie kommt letztlich zeitweilig nicht zur Entfaltung.

Ich fühle mich oft so unsicher, auch im Zwang, z.B. beim Kontrollieren oder beim Waschen. Ich weiß dann nicht, ob ich etwas wirklich getan habe oder ob ich es mir eingebildet habe, oder ich habe das Gefühl, etwas »nicht richtig« getan zu haben. Können Sie das verstehen?

Auch hier sprechen Sie eines der Zentralphänomene der Zwangserkrankung an.

Diese Empfindung wurde zum ersten Mal von dem großen französischen Psychologen Pierre Janet (1859–1947) beschrieben. Ich nenne sie »Unvollständigkeitsgefühl«. Die Betroffenen haben die Empfindung, dass ihre seelischen Aktivitäten bis hin zum Verhalten »unvollständig« sind, und sie haben je nach Situation viele Beschreibungen und Bilder, um dieses Gefühl auszudrücken. Ihnen allen ist die Klage gemeinsam, dass sie in kritischen Situationen kaum etwas, was sie tun, denken oder fühlen, als ganz und vollständig empfinden. Es fehlt immer etwas, das ihnen die Sicherheit vermitteln würde, dass der entsprechende Akt – etwa die Kontrolle eines Haushaltsgerätes oder ein Waschvorgang – als vollendet oder abgeschlossen gelten kann. Das quält sie permanent und ist in schweren Fällen einer der Motoren für die Übertreibungen und Entgleisungen, die für die Zwangserkrankung typisch sind.

Dann sind besondere therapeutische Maßnahmen dagegen unentbehrlich.

Ich denke oft Dinge, über die ich kaum zu sprechen wage. Bin ich verrückt, von Grund auf schlecht, eine potentielle Selbstmörderin oder eine Kriminelle?

Hier sind wir bei einem der wichtigsten Bestandteile jeder Zwangsstörung angekommen, dem zwanghaften Denken.

Es kann zwei Formen annehmen. Einmal das Zwangsgrübeln, das richtiggehend in Form von Anfällen auftreten kann.

Um Ihnen zu zeigen, dass solche Phänomene, die Ihnen außergewöhnlich und einzigartig vorkommen, schon seit längerer Zeit sehr gut bekannt sind, möchte ich Ihnen ein Beispiel Pierre Janets schildern, das das Grübeln einer Frau in einer ganz einfachen Situation wiedergibt.

An einem Donnerstag Nachmittag denkt sie daran, das Abendessen vorzubereiten, und nimmt einen Topf, um unten im Lebensmittelgeschäft für einige Pfennige Fleischbouillon einzukaufen. Sie hält auf der Treppe inne. Ihr kam der Gedanke, dass man einen Moment darüber nachdenken muss, ob es nichts Schlimmes daran gibt, heute im Geschäft Bouillon einzukaufen. Normalerweise nicht, sagt sie sich, aber heute ist Donnerstag. Das darf man nicht außer Acht lassen: Was wird die Geschäftsfrau denken, wenn ich heute Bouillon bei ihr einkaufe? Wenn sie glaubt, dass ich heute Abend daraus eine Suppe zubereiten will, so ist das nicht schlimm. Aber man könnte ja auch vermuten, dass sie sich etwas anderes dabei denkt. Sie könnte z.B. denken, dass ich morgen eine Suppe kochen will und morgen ist Freitag, also ein fleischloser Tag. Wenn sie das denkt, wird sie empört sein. Das ist ja immer so. Ich gebe leider immer ein schlechtes Beispiel. Wenn ich daran schuld bin, dass die Händlerin das annimmt, dann habe ich eine Handlung begangen, die vielleicht an sich nicht so schlimm ist, die aber schrecklich wird durch ihre Bedeutung. Denn das heißt, dass ich den lieben Gott zum Narren halte. Das ganze Problem besteht also darin, zu klären, ob die Händlerin glaubt, ob ich meine Bouillon heute oder morgen esse. Wie könnte ich diese Frage entscheiden? Ich könnte nachdenken, ob ich noch genügend in meiner Speisekammer habe, um mir heute eine Suppe vorzubereiten. Das letzte Mal, als ich sie gesehen habe, also gestern morgen, habe ich da irgendwelche Hinweise darauf gegeben, dass ich genügend zu Hause hätte, um mir heute, Donnerstag, eine Suppe daraus zu bereiten? Was habe ich ihr also gestern genau gesagt?

Nun grübelt sie endlos darüber nach, was sie gestern zur Händlerin gesagt hat, aber die Erinnerung daran ist nicht klar genug, und sie sagt sich schließlich, »wenn die Händlerin mich also gestern böse angeschaut hat, dann muss ich ihr gestern etwas sehr Ausgefallenes gesagt haben. Nun muss ich klären, ob die Händlerin mich gestern böse angeschaut hat oder nicht. Und das fällt mir sehr schwer. Mit letzter Genauigkeit kann ich das nicht klären. Das Beste wäre also, meinen Mann um Rat zu fragen. Aber der Mann wird antworten, und das ist sicher, du gehst mir auf die Nerven mit deinem Freitag, und das einzige Ergebnis wird wiederum sein, dass ich dem Mann die Gelegenheit gegeben habe, schlecht über den lieben Gott zu reden. So ist das. Ich sorge immer für Skandale. Was bin ich doch für ein schreckliches, kriminelles Wesen. Wenn ich nur nicht ständig irgendein Verbrechen begehen müsste und wenn Gott mir helfen würde, nicht mehr solche Skandale in die Welt zu setzen, dann würde ich ihm alles versprechen, was er will. Aber wenn Gott von mir verlangen würde, dass ich meine kleine Tochter umbringe – er hätte das Recht dazu, da es das Kind einer Verbrecherin ist und damit eine Verbrecherin selber – ist es besser, weiter Skandale in die Welt zu setzen oder damit einverstanden zu sein, meine kleine Tochter mit einem Küchenmesser zu erdolchen . . .?«

Man ahnt das Ende der Geschichte.

Drei Stunden danach kommt der Mann nach Hause und findet die Frau auf der Treppe, den leeren Topf in der Hand. Sie konnte sich nicht dazu entschließen, weder dazu, ins Geschäft zu gehen, noch dazu, nach Hause zu gehen und etwas anderes zu kochen.

In einem solchen inneren Monolog, der, wie es deutlich wird, der Reihe nach alle Themen der Absicherung und der Wiedergutmachung herunterbetet, stellt sich die permanente innere Qual von Menschen dar, die auf dem Hintergrund ihrer allgegenwärtigen Sorge eine enorme mentale Arbeit verrichten, aber damit nirgendwo ankommen. Diese Art von Zwangsvorgängen kann den Zustand der Kranken derart prägen, dass sie die Form von Persönlichkeitsmerkmalen annehmen, die alle Episoden des Lebens durchdringen..

Wie Sie sehen, werden von der betroffenen Frau die Themen: Mache ich etwas falsch? Ist es möglich, dass ich versage? Was werden die anderen denken? Wie kann ich mich absichern? endlos wiederholt, ohne dass sie zu einem klaren und beruhigendem Ergebnis kommt. Das ist typisch für Zwangsgrübeleien, die, wie wir am Beispiel gesehen haben, die merkwürdigsten Formen annehmen können.

Die andere Variante des zwanghaften Denkens sind Zwangsgedanken im engeren Sinne. Wir haben sie besonders am Beispiel von Gisbert kennen gelernt.

Zwangsgedanken nehmen inhaltlich gesehen immer eine außerordentlich extreme Form an. Sie sind so angelegt, dass das, was einem das Heiligste und Teuerste ist, verletzt und vernichtet zu werden droht. Genau genommen sind sie immer in Form von Fragen gekleidet, meist an sich selbst aber auch an andere: Könnte es sein, dass ich plötzlich so die Kontrolle über mich verliere und mich ohne es zu wollen umbringe? Ich fühle mich so eigenartig, könnte es sein, dass ich mich so vergesse, dass ich meinem Kind absichtlich schade? usw. In Wirklichkeit haben Zwangsgedanken zum Ziel, einen Suchprozess einzuleiten, der zu dem Ergebnis führt, dass ich das Schreckliche nicht tun werde, aber der Prozess ist sehr mühsam und das gewünschte Ergebnis stellt sich sehr schlecht ein.

Gibt es die reale Gefahr, dass ich die schrecklichen Dinge, die mir durch den Kopf gehen, auch wirklich tue?

Die Antwort ist : Nein.

Ich werde sie im Teil über Selbsthilfe noch begründen.

Manchmal habe ich Erlebnisse, die sicher kein Mensch verstehen würde. So das absurde Empfinden, dass ich nicht ganz bin, dass etwas an mir fehlt usw. Haben auch andere Menschen solche Gefühle?

Denken Sie zuerst an das, was wir über Unvollständigkeitsgefühle gesagt haben. Solche Empfindungen können eine extreme Form annehmen, so dass der Betroffene selbst sie nicht versteht und sich nicht traut, jemandem seine Erlebnisse mitzuteilen, unter Umständen auch nicht seinem Therapeuten.

Um Ihnen zu zeigen, dass Sie auch damit nicht allein sind, möchte ich Ihnen den Bericht eines meiner Patienten zur Kenntnis bringen:

»Ich habe mich eben angezogen, um das Haus zu verlassen, und will einen letzten Blick in den Spiegel werfen. Alles in Ordnung, aber dann fängt es an. Ich bleibe wie angewurzelt stehen und kann nicht weg. Was ist es? Es fehlt etwas. Ich schaffe es nicht, mich einheitlich, ganzheitlich zu spüren. Es fehlt etwas.

Unter dem Einfluss dieser Gefühle fange ich an, mich zu fragen, kann es sein, dass etwas nicht abgeschlossen ist, habe ich etwas nicht ganz oder richtig gemacht? Manchmal versuche ich mich genau zu erinnern, aber es fällt mir meist kein mögliches Versäumnis ein. Das Gefühl bleibt.

Ich erreiche mich selber nicht auf eine zufrieden stellende Art und Weise. Es fehlt etwas. Dann wird mir bewusst, dass ich ja vor dem Spiegel stehe. Dann kommt mir der Gedanke, vielleicht bist du nicht ganz aus dem Spiegel herausgekommen. Ich muss gestehen, dass ich mir in einem solchen Augenblick kaum vor Augen führe, wie hirnrissig dieser Gedanke ist. Ja, ich habe sogar erlebt, dass beim nächsten Mal vor dem Spiegel der Gedanke mir ganz schnell und automatisch gekommen ist. Was soll ich tun? Ich versuche, ganz richtig aus dem Spiegel herauszukommen, respektive das Gefühl dafür zu bekommen. Was soll ich auch anderes tun?«

Sie sehen, auch mit solchen Erlebnissen stehen Sie nicht allein da und sie bilden auch immer noch das Symptom einer Zwangserkrankung.

Selbsthilfe: 10 Grundregeln für Betroffene

Viele Jahre Arbeit mit Betroffenen haben mich gelehrt, dass sie keine Wunder vollbringen können. Die Möglichkeiten, die sie haben, sich selber zu helfen, variieren von Fall zu Fall und Mensch zu Mensch.

Dennoch scheint es so etwas wie 10 Grundregeln zu geben, die sich bei nahezu allen Betroffenen im Umgang mit der Zwangserkrankung als nützlich erwiesen und die längerfristig eine Besserung fördern.

Grundregeln der Selbsthilfe im Umgang mit der eigenen Zwangserkrankung

1. Besinnen Sie sich auf Ihre Stärken und Ressourcen.

2. Erkennen Sie Ihren Feind.

3. Beobachten Sie ihn, kommen Sie ihm auf die Schliche und lernen Sie ihn immer besser kennen.

4. Fangen Sie an, andere Menschen mit neuen Augen zu beobachten.

5. Stellen Sie dem Zwang Fragen, halten Sie nichts von dem, was er von Ihnen verlangt, für selbstverständlich und geben Sie nicht mehr automatisch nach.

6. Fordern Sie ihn heraus und experimentieren Sie mit ihm.

7. Zwingen Sie sich, zwanghafte Gedanken und Befürchtungen immer konkreter werden zu lassen.

8. Lernen Sie immer besser die gegenwärtige Wirklichkeit zu überschauen und werden Sie immer stärker zum Subjekt kritischer Situationen.

9. Lassen Sie andere Menschen möglichst aus ihren Zwängen heraus.

10. Durchbrechen Sie Ihre Isolation.

Ich möchte die einzelnen Punkte hier kurz erläutern:

1. Besinnen Sie sich auf Ihre Stärken und Ressourcen.

Sie haben sicherlich manchmal das Gefühl, Sie bestehen nur noch aus Ängsten, Zweifeln und Unsicherheit und sind gezwungen, wie eine Marionette zu agieren. Das können Sie dann endlos bedauern mit dem Effekt, dass Sie immer mehr verzagen und jeden Lebensmut verlieren.

Bald wird die Zukunft Ihnen nur noch wie ein großes Fragezeichen oder aber, im schlimmsten Fall, wie ein schwarzes Loch vorkommen.

In solchen Momenten können Sie aber auch »umschalten« und sich auf die positiven Aspekte des Lebens besinnen: Welche Menschen brauchen mich und wie kann ich ihnen helfen? Wer ist für mich da, wie kann ich es ihm danken und meine Beziehung zu ihm noch verbessern? Was ist mir über alles lieb und teuer, was macht mir Mut oder heitert mich auf?

Was kann ich besonders gut, wie kann ich meine Stärken und Fertigkeiten ausbauen und zur Geltung bringen? Was macht mir Hoffnung und wie kann ich meinem Ziel, ein besseres und erfüllteres Leben zu führen, ein Stück näher kommen

Für Zwänge wie für jede andere Schwierigkeit gilt: Sie machen nie das ganze Leben aus; es gibt auch die andere Seite der Medaille.

Je mehr ich mich auf mein Problem konzentriere, desto mehr verstellt es mir die Sicht, und die daraus resultierende Stimmung ist auch für eine Auseinandersetzung mit dem Problem im engeren Sinne keineswegs förderlich.

2. Erkennen Sie Ihren Feind.

Der Zwang ist meist durch ein unglückliches Zusammenspiel äußerer und innerer Faktoren entstanden und stellte zum Zeitpunkt seiner Entstehung eine wenn auch höchst unbefriedigende Art dar, mit der Gesamtlage umzugehen.

Diese Funktion hat er teilweise noch heute. Er stellt eine Art Kompromiss dar zwischen einer reifen und differenzierten Art, mit der dunklen Seite des Lebens umzugehen einerseits, und der totalen Resignation anderseits. Zwangskranke kämpfen noch, aber die Mittel, auf die sie sich fixiert haben, sind weitgehend untauglich und richten langfristig mehr Schaden an, als sie helfen.

Um den inneren Zwiespalt, in dem sich Zwangskranke befinden, wenigstens etwas zu reduzieren, ist die Versuchung groß, den Inhalt, den der Zwang vorgibt, zu rechtfertigen, zu verteidigen, ja manchmal geradezu zu idealisieren.

Es kommt dann zu einer merkwürdigen Haltung der Betroffenen, die man etwa folgendermaßen wiedergeben kann: Sie sind davon überzeugt, dass ihre Lage einzigartig ist. Man kann beim besten Willen nicht sagen, dass alles in Ordnung sei, wir haben Schwierigkeiten, und deshalb wollen wir ja etwas verändern. Aber eine einfache Krankheit, die man einigermaßen durchschauen und über die man überall nachlesen kann, haben wir nicht.

Es ist alles komplizierter. Das Ziel kann nicht darin bestehen, so zu werden wie alle anderen auch. Auf der einen Seite wissen wir nicht genau, wie wir sind, und wir wollen es in Wirklichkeit auch gar nicht so recht wissen.

Diejenigen, denen wir im täglichen Leben begegnen, sind wahrlich keine erstrebenswerten Vorbilder, etwa bei ihrer Art, Verantwortung wahrzunehmen, ihre Dinge in Ordnung zu bringen oder die elementaren Regeln der Hygiene einzuhalten. Ein Urteil müssen sie sich allemal gefallen lassen: Sie sind oberflächlich und machen es sich leicht. Das kann es auch nicht sein.

Auf der anderen Seite übertreiben wir vielleicht ein wenig und machen es uns schwer. Wo liegt die Wahrheit?

Was ist richtig? Keiner kann die einzigartig schwierige Situation, in der wir uns befinden, je verstehen, davon sind wir überzeugt.

Diese zerrissene, zwiespältige Haltung ist bei allen Betroffenen nachweisbar. Sie scheint sie etwas zu beruhigen, damit sie nicht zugeben müssen, dass die Krankheit sie auf den ganz falschen Weg geführt hat.

Wie gehen sie dabei vor:

Sie versuchen, zwanghaftes Denken durch Werte, die gesellschaftlich hoch angesehen sind, zu rechtfertigen. Diese Operation hat letztlich zum Ziel, die Kluft zwischen den konventionellen Lebensregeln und den ganz besonderen des Zwanges zu überbrücken. Sie wird dadurch begünstigt, dass die Vorstellungen, die in der Zwangserkrankung auftauchen, von vornherein einen Hauch von Plausibilität haben.

Beim Verlassen einer Wohnung kann ein Haushaltsgerät in Betrieb bleiben, und das birgt potentiell die Möglichkeit eines Schadens, trotz moderner Sicherheitsmaßnahmen. Es gibt die Möglichkeit, sich draußen mit einer Krankheit anzustecken, und beim Autofahren kann ein fremder Mensch verletzt werden oder gar zu Tode kommen. Wenn unendliche Kontrollen bei Haushaltsgeräten vorgenommen werden oder auf das Autofahren verzichtet wird, so ist es für den Zwangskranken relativ einfach, sein von der Krankheit diktiertes Vorgehen als Ergebnis einer übersteigerten Hingabe an Werte wie Verantwortungsgefühl, Vorsicht und Ernsthaftigkeit im Umgang mit den Dingen des Lebens auszugeben. Auch Hygienevorschriften, Sorgen (wenn auch übertriebene) um die eigene Gesundheit, aber vor allem um die der anderen, eignen sich vortrefflich für denselben Zweck.

Doch ich hoffe, wir haben gesehen, dass die Symptome einer Zwangserkrankung nicht an sich vernünftige, wenn auch übertriebene Vorsichtsmaßnahmen darstellen, die dem Leben an sich förderlich sind.

Eine Zwangserkrankung ist etwas ganz anderes.

An der Stelle kann einem Betroffenen nur eine möglichst große Ehrlichkeit mit sich selber weiterhelfen. Sein Feind ist nicht eine zu oberflächliche Gesellschaft, es sind auch nicht »die anderen«, der Feind steckt in einem selber.

Es ist der Zwang, bestehend aus irrationalen Befürchtungen und Gefühlen und den Mitteln, die dagegen eingesetzt werden: Zwangshandlungen jeglicher Art.

Sie sind es, die in Wirklichkeit das Leben bedrohen!

3. Beobachten Sie ihn, kommen Sie ihm auf die Schliche und lernen Sie ihn immer besser kennen.

Statt das zu ignorieren, zu verdrängen oder gar noch verteidigen zu wollen, was einem schadet, einem selbst und anderen Leid zufügt, sollte man es möglichst kennen lernen, um die eigene Chance zu verbessern, immer besser Widerstand leisten zu können, mit dem Ziel, es schließlich zu überwinden.

Jeder Betroffene denkt, dass er die eigenen Probleme, die mit dem Zwang verbunden sind, zur Genüge, ja nur allzugut kennt.

Dem muss ich aus Erfahrung widersprechen.

Vieles von dem, was in kritischen Situationen abläuft, läuft quasi automatisch ab, d.h. auf einer sehr niedrigen Bewusstseinsstufe.

Vieles andere, was Sie im Rahmen des Zwanges denken oder tun, erscheint Ihnen so selbstverständlich, dass Sie es gar nicht mehr groß zur Kenntnis nehmen.

Fangen Sie an, bestimmte Denk- und Verhaltensabläufe ganz bewusst zu beobachten:

Wann fängt es genau an? Gibt es bestimmte Anstöße von außen wie die Begegung mit einem Menschen, der Ihnen »schmuddelig« erscheint? Folgt unmittelbar danach ein Gedanke wie: »Der könnte mit Aids infiziert sein«, oder ein Gefühl etwa des Ekels oder der Angst?

Wie sind Ihre ersten Reaktionen? Fangen Sie an sich selber zu überwachen, z.B. um zu vermeiden etwas zu berühren, was die Person angefasst hat? Nehmen Sie sich vor, zu Hause ein besonderes »Vorsichtsreinigungsprogramm« zu absolvieren? Wie verändert sich Ihr Gefühl im Lauf der nächsten Zeit?

Wie sehen Ihre Reinigungsrituale vornehmlich aus?

Wie gehen Sie genau vor, wenn Sie die Hände waschen? Welche Auswirkungen hat es auf Sie? usw.

Oder : Registrieren Sie ganz exakt, wie Ihr Kontrollprogramm aussieht, bevor Sie die Wohnung verlassen? Was kontrollieren Sie alles? Wie viel Zeit dauert der Gesamtvorgang? Wie genau sieht die Kontrolle der Wasserhähne aus? Welche Bewegungen führen Sie dabei aus? Was denken Sie, wenn Sie sehen: Es läuft doch kein Wasser aus den Hähnen?

Trauen Sie dabei Ihren Augen? Welche Gefühle haben Sie dabei? Was muss sich einstellen, damit Sie einen bestimmten Teil abschließen?

Welche Gedanken folgen unmittelbar danach? Welche Gefühle? usw.

Welche Zwangsgedanken und -handlungen ereignen sich im Laufe eines Tages? Wann kommen Sie besser zurecht und wann nicht?

Auf diese Art werden Sie das Ausmaß, das der Zwang angenommen hat, besser überschauen.

Sie werden Aspekte kennen lernen, wie Unvollständigkeitsgefühle bei Kontrollen oder Rückzugs- und Vermeidungsreaktionen, die Ihnen schon gar nicht mehr auffallen.

Erschrecken Sie nicht und werden Sie nicht verzagt, wenn sie feststellen, dass die Zwangssymptome noch zahlreicher und komplizierter sind, als sie vermutet hätten. Die Voraussetzung für eine Besserung ist, dass Sie sich dem ganzen Zwangskomplex stellen, ihn noch genauer kennen lernen. Seien Sie ehrlich zu sich selber, dass ist die unabdingbare Voraussetzung für jeden Fortschritt.

4. Fangen Sie an, andere Menschen mit neuen Augen zu beobachten.

Vielleicht haben Sie sich bislang wenig dafür interessiert, wie andere Menschen, auch solche, die Sie schätzen und mögen, sich in bestimmten Situationen verhalten, die für Sie ein großes Problem darstellen.

Sie mögen denken: Das betrifft mich nicht, die sind ja gesund, oder vielleicht: Ich lebe in meiner Welt, die der anderen geht mich nichts an. Oder sogar: So wie die anderen möchte ich gar nicht sein.

Aber das Wahrscheinlichste ist: Sie wissen nicht genau, was die anderen denken und wie sie bestimmte Dinge tun, obwohl Sie das ja feststellen könnten.

Beobachten Sie einmal genau, wie der Bürokollege seinen Schreibtisch abschließt und wie die Freundin ihre Hände wäscht, bevor sie zu Tisch geht. Die Betonung, Sie werden es gemerkt haben, liegt auf dem Wie: Wie macht sie es, wie hält sie die Hände unter das Wasser, wie genau seift sie sich ein? usw.

Fragen Sie ruhig einmal jemanden: Was geht dir durch den Kopf, wenn du hörst, wie Lebensmittel behandelt werden? Was machst du, um dich und deine Familie einigermaßen zu schützen? Warum erscheint dir das ausreichend?

Oder: Wie machst du es, wenn du die Wohnung in der Früh verlässt, um an die Arbeit zu gehen?

Dann vergleichen Sie Ihre Vorgehensweise mit der der anderen.

Das Ganze sollte nicht dazu führen, dass Sie sich verrückt oder minderwertig vorkommen, sondern dazu ,dass Sie das, was Sie tun und wie Sie es tun, nicht mehr für selbstverständlich oder für das einzig Mögliche halten.

Beobachten Sie erst mal nur, fragen Sie an der einen oder anderen Stelle nach oder vergleichen Sie. Dann können Sie anfangen, sich Ihre Gedanken zu machen.

5. Stellen Sie dem Zwang Fragen, halten Sie nichts von dem, was er von Ihnen verlangt, für selbstverständlich und geben Sie nicht mehr automatisch nach.

»Dem Zwang stellt man keine Fragen, vor allem nicht die Frage, warum er uns zwingt, die Welt auf eine ganz einseitige Art zu sehen, in der Gefahren, Schmutz, Ekliges und Böses allgegenwärtig sind«, bemerkte einmal eine Patientin.

Mit dem Zwang diskutiere man nicht, meinen andere.

Dieses Verbot zu durchbrechen, und sei es nur am Anfang an der einen oder anderen Stelle, ist ein ganz wichtiger Schritt für alle Betroffenen.

Sie befinden sich in einem öffentlichen Verkehrsmittel und nehmen die Mitbenutzer gleich bei Ihrem Einstieg als undifferenzierte, feindselige Masse von möglichen Trägern von Schmutz und Ansteckendem wahr und ziehen sich reflexartig in sich selber zurück: Nur nie jemanden berühren, nur nirgendwo rankommen, den eigenen Körper, die Kleidung schützen, vor allem nichts nach Hause einschleppen, wo alles rein zu sein hat.

Sie verharren in der Haltung, sind überwachsam und aufmerksam, angespannt und fixiert auf die Gefahren und das Eklige, die der Zwang ihren Gedanken aufdrängt. Ihr ganzes Verhalten, Ihr Denken und Fühlen wird von dieser einseitigen Art, die Situation zu erleben, diktiert, seit die Krankheit ausgebrochen ist, und Sie stellen diese Art die Dinge wahrzunehmen gar nicht mehr in Frage.

War das immer so? Versuchen Sie sich an die Zeit vor dem Ausbruch der Zwangserkrankung zu erinnern: Wie haben Sie die Welt damals erlebt? War sie nicht bunter, vielfältiger, in einem Wort menschlicher? Fühlten Sie sich damals nicht freier, entspannter, mehr als Herr der Lage? Mit Sicherheit.

Und warum ist es plötzlich, seit dem Beginn des Zwanges, so anders?

Wieso erscheint es so definitiv anders?

Ist es, weil Sie alles in allem klüger, weitsichtiger, vorsichtiger, sich allgegenwärtiger Gefahren des Lebens stärker bewusst geworden sind? Ist es wirklich so, dass Sie durch die ganze Entwicklung gewonnen haben, dass Sie sich größer und selbstbestimmter fühlen, dem Leben voll ins Auge zu sehen?

Wenn Sie ehrlich sind, werden Sie zugeben, dass dem nicht so ist. Würden Sie so denken, so würden Sie Ihren ärgsten Feind verteidigen.

Wenn Sie ernsthaft Ihrem Gefühl nachsinnen, dann fühlen Sie sich keineswegs stärker, sondern klein und hilflos, wie ein Kind ausgeliefert an tausend Regeln, Gebote und Verbote, die den Zwang ausmachen.

Ich möchte an dieser Stelle keine »Dämonenbeschwörung« empfehlen, aber fragen Sie den zwanghaften Anteil in Ihnen, also den Zwang einmal ganz ruhig: Warum ist das jetzt so? Warum muss ich die Welt so erleben und nicht mehr so wie noch vor zwei Jahren? Warum kann ich nicht so Autobus fahren wie alle anderen auch: Der eine liest Zeitung, diese beiden Jugendlichen unterhalten sich angeregt, die ältere Dame schaut entspannt zum Fenster heraus. Warum ist das bei mir ganz anders?

Als eine meiner Patientinnen zum ersten Mal anlässlich einer Autobusfahrt anfing, derlei verbotene Warumfragen zu stellen, um alles nicht mehr als selbstverständlich hinzunehmen, erhielt sie eine »Antwort«, die sie sehr erschütterte: Ich will dich klein und hilflos sehen, ich bin stark, du bist nichts.

Sie hörte nicht plötzlich »Stimmen«, sie behielt die ganze Zeit ihr normales Bewusstsein und war nicht plötzlich »verrückt« geworden. Im Gegenteil: Zum ersten Mal nahm sie die Dinge, die von ihr verlangt wurden, nicht mehr automatisch hin, so als sei dies das einzig Mögliche und Sinnvolle.

Das heißt zum ersten Mal seit längerer Zeit war sie sich

ihrer Lage bewusst. Sie war sozusagen auf einer höheren Bewusstseinsstufe, verglichen mit ihrem üblichen Zustand, der ganz vom Zwang beherrscht wurde.

Als sie sich von dem ersten Schreck und der anschließenden Traurigkeit, die die »Antwort«auslöste, erholt hatte, fing sie an, sich diese Fragen immer öfter zu stellen, und erlebte etwas, das sie schon lange nicht mehr kannte: Sie fing an, in zunehmendem Maße sich innerlich aufzulehnen, und verspürte einen immer größeren Widerwillen gegen die einseitigen Botschaften des Zwanges.

Sie fühlte sich mit der Zeit ihm gegenüber flexibler. Es traten Erinnerungen auf an den Vater, der ihr ständig eine ähnliche »Lebensphilosophie« vermittelt hatte (»pass auf«, »überall lauern Gefahren«, »die Welt ist schlecht, dreckig«, »du schaffst es nicht«, usw.), und sie fing an, sich zunehmend auf sich selbst zu besinnen und Partei für andere Teile der eigenen Person und andere Ansichten zu entwickeln (»ganz so ist die Welt nun auch wieder nicht«, ich bestimme über mich selber«, »das sehe ich ein, das nicht«, » ich will nicht mehr so hilflos und so klein sein«).

Es dauerte längere Zeit, bis sie diese neuen Erlebnisse klar aussprechen konnte, aber sie bekam im zunehmenden Maße das Gefühl, dass es etwas in ihr gab, das sie bekämpfen musste und auch bekämpfen konnte, im Interesse des eigenen Lebens.

6. Fordern Sie ihn heraus, experimentieren Sie mit ihm.

Dann fing sie allmählich an zu experimentieren, wie sie es selber nannte. Sie war nicht in der Lage, alles von einem Tag zum anderen »umzukrempeln«. (Wie ich schon weiter oben sagte, sollten vom Zwang Betroffene keine Wunder von sich selbst erwarten.)

Aber sie wurde mutiger und fing an, vieles auszuprobieren, was sie sich schon lange nicht mehr zugetraut hatte, ja manchmal, den Zwang geradezu herauszufordern.

Im Autobus blieb sie das eine Mal stehen, wie der Zwang es verlangte (»bloß mit nichts in Berührung kommen«), aber nicht mehr so, als sei es das Selbstverständlichste der Welt. Sie sah ganz bewusst die anderen Fahrgäste an, die auf ganz natürliche Weise die freien Plätze eingenommen hatten, und fragte sich: Warum ich? Sind die denn blöd oder stimmt etwas mit mir nicht? Warum darf ich mich nicht auch hinsetzen?

Beim nächsten Mal, während sie wieder stand, stellte sie sich vor, wie es wäre, sich auch hinzusetzen. Sie versuchte das Bild, sie als Sitzende unter Sitzenden, eine ganze Weile in sich aufrechtzuerhalten.

Ein anderes Mal streifte sie ganz bewusst einen Sitz mit ihrem Mantel und fragte sich fast trotzig: So, was nun? Geht die Welt jetzt unter? Sie versuchte in sich hineinzuhorchen, ob sich auf der Stelle ein unerträglicher Ekel oder eine maßlose Angst einstellen würden, und zu ihrer Überraschung stellte sie fest, dass dem nicht so war.

Zu Hause hing sie ihren Mantel ganz bewusst an den üblichen Haken, ein leichtes Unbehagen kam auf und die üblichen Gedanken an eine endlose Weiterverbreitung von irgendwelchen Gefahrenstoffen. Sie blieb ganz bewusst vor dem Mantel stehen, und nach einiger Zeit packte sie eine Art Wut über ihre ganze verfahrene Lebenssituation.

Dann legte sie ganz bewusst die Hand auf den Mantelsaum und hielt sie vor die Augen. Nichts geschah. Die Hand fühlte sich an wie immer.

Dann überkam es sie. Ganz langsam, aber mit einer sicheren und entschlossenen Bewegung fuhr sie sich mit der Hand durch die Haare. Sie würde nie diesen Augenblick vergessen. Wut, Trotz, Angst vor der eigenen Courage und alle möglichen anderen Gefühle mischten sich und machten schließlich einer Empfindung des Stolzes, ja fast des Triumphes Platz.

Es war nicht das Ende der Zwangserkrankung, aber mit einiger Hilfe der Anfang von einer Besserung, die bis zur vollständigen Heilung voranschritt. Dieses Beispiel zeigt die allmähliche innere Distanzierung von den starren Gesetzen, die der Zwang einem Menschen auferlegt. Sie stellte zunehmend das in Frage, was sie bisher bloß hinnahm.

Dadurch wurde sie immer mutiger, ja experimentierfreudig, bis eine Art innere Rebellion gegen den Zwang ausbrach.

7. Zwingen Sie sich, zwanghafte Gedanken und Befürchtungen immer konkreter werden zu lassen.

Zwangsbefürchtungen und überhaupt alle Zwangsgedanken haben gemeinsam, dass sie ein Thema vorgeben (in der Regel ein ganz schreckliches und angsteinflößendes), das aber wenig ausformuliert ist. Der Gedanke an sich ist recht abstrakt und wirklichkeitsfern. In der Regel handelt es sich dabei um schreckliche Dinge, die der Betroffene tun könnte. Wie aber die Ausführung der »schrecklichen Tat« aussehen soll, wird so gut wie nie deutlich.

Der Betroffene erschrickt vor dem Gedanken und wird an allen Ecken und Enden immer wieder in angsteinflößender Weise daran erinnert. Er unternimmt alles Mögliche dagegen, fragt sich aber nie: Worum geht es denn eigentlich wirklich und wie könnte es denn wirklich zur Ausführung einer solchen Tat kommen?

Es geht also in den zwanghaften Grübeleien über ein Thema (»Könnte es sein, dass ich, ohne es zu wollen, meine Eltern durch ein Essen mit Chemikalien vergifte?«) immer um das ›Ob‹ und nie um das ›Wie‹.

Nun könnten Betroffene meinen, das ständige Fragen, ob eine solche Tat geschehen könnte und was zu tun sei, um sie zu verhindern, reiche doch aus. Es müsse doch noch viel schrecklicher sein, sich auch noch über das Wie Gedanken zu machen.

Da bin ich ganz anderer Meinung. Im Gegenteil: Sobald Betroffene konkret werden, d.h. dem Wie nachgehen, lässt die Angst rasch nach und in vielen Fällen lösen die Zwangsgedanken sich ziemlich bald in Luft auf.

Ich will Ihnen ein Beispiel geben.

Der Gedanke, die Eltern zu vergiften, war einer der Zwangsgedanken der 26-jährigen Carola.

Ich zwang sie in der Therapie dazu, mit mir ganz ausführlich folgende Fragen zu besprechen (vgl. Hoffmann 1998, S. 313):

Wann ist die Gefahr am größten, am Wochenende oder in der Woche?

Am Wochenende eher am Samstag oder am Sonntag?

Am Sonntag eher beim Frühstück, beim Mittagessen oder beim Abendessen?

Beim Mittagessen während oder vor dem Essen?

Kommt vor dem Essen das Gift eher in die Suppe, zum Fleisch oder in die Beilagen?

Welches Gift kommt in die Suppe?

Um welche Marke handelt es sich bei dem Spülmittel? Wie ist die chemische Zusammensetzung?

Welche Menge muss in die Teller gelangen, damit zumindest eine erhebliche Vergiftung entsteht?

Ab welcher Dosis könnte der Tod eintreten?

Würde sich dadurch die Farbe oder der Geschmack der Suppe verändern?

Wo steht üblicherweise die Flasche mit dem Spülmittel?

Auf welche verschiedenen Arten und Weisen kann das Gift in die Teller gelangen?

Wie muss die Flasche umgekippt werden, dass Gifte in beide Teller gelangen?

Müssen es beide sein oder reicht auch einer?

Wenn es beide sind, muss die Flasche dann 2-mal umkippen?

Wie müssen Flasche und Teller relativ zueinander stehen? Usw.

Je mehr Carola anfing, sich mit Details der Ausführung zu beschäftigen, desto ruhiger wurde sie, im Gegensatz zu dem, was man annehmen könnte.

Der üblicherweise unausformulierte und wirklichkeitsferne Zwangsgedanke wird in seiner ganzen Irrationalität und Irrealität entlarvt, sobald man ihm »auf den Zahn fühlt«.

Sehen Sie sich Zwangsgedanken und -befürchtungen genau an, anstatt automatisch die Flucht davor zu ergreifen. Entlarven Sie sie als »zwanghafte Hirngespinste«, die so gut wie nichts mit Ihren wahren Absichten zu tun haben und überhaupt nicht in Ihr Leben passen. Je mehr Sie sich konkret damit beschäftigen, desto mehr werden Sie die Angst davor verlieren und um so stärker wird sich die Einsicht durchsetzen: So etwas würde ich nie tun. Das passt gar nicht zu mir. Wie soll das denn in Wirklichkeit geschehen? So etwas ginge ja gar nicht.

Carola hatte auch die »Befürchtung«, sie könne im Vorbeigehen, ohne es zu wollen und es zu merken, den Elektroherd »mit der Hüfte« anstellen. Als Übung sollte sie an drei aufeinander folgenden Tagen jeweils 3 mal 10 Minuten versuchen, es zu tun, gab aber schon am ersten Tag auf. Wundert Sie das?

8. Lernen Sie immer besser, die gegenwärtige Wirklichkeit zu überschauen, und werden Sie immer stärker zum Subjekt kritischer Situationen.

Der Zwang beherrscht Menschen bis hin zu ihrer Wahrnehmung.

In kritischen Situationen ist ihre Aufmerksamkeit

überaktiv und auf einige für sie relevante Details konzentriert. So starren sie wie gebannt auf einen Fleck auf der Erde, der ihnen verdächtig vorkommt, und sehen nichts anderes mehr. Beim Kontrollieren des Elektroherdes fixieren sie die Knöpfe, bis sie ihnen schwammig und unscharf vorkommen. Sie bekommen dann sehr schnell das Erlebnis, das ich Unvollständigkeitsgefühl genannt habe, trauen den eigenen Augen und ihrem Urteil (»Ich sehe ja, dass die Zeiger auf Null stehen«) nicht mehr, sind nicht in der Lage, den Vorgang abzuschließen und fangen von neuem mit ihren Kontrollen an, diesmal, indem sie an den Knöpfen herumdrehen, usw.

Eines der besten Mittel, um den Zwang beherrschen zu lernen, statt von ihm beherrscht zu werden, ist sich selbst systematisch zu trainieren, wieder Situationen voll und ganz, mit hellem, wachem Bewusstsein zu erleben und zu überblicken.

Ich nenne das wieder zum Subjekt einer Situation werden.

Ich möchte das an Hand eines Beispiels aufzeigen.

Frank hatte große Schwierigkeiten seine Wohnung zu verlassen, weil er immer ein »unbefriedigendes Gefühl« dabei hatte. Das war auch dann der Fall, wenn er eine angenehme Unternehmung wie einen Besuch bei der Freundin vorhatte. Er fing dann an, alles Mögliche zu kontrollieren. Diese Kontrollen hatten in Wirklichkeit zum Ziel, einen anderen zufrieden stellenderen Zustand in sich selber herzustellen.

Das sah dann ungefähr so aus:

Frank verlässt das Haus und schließt die Wohnungstür ab. Wie so häufig beschwert er sich, dabei nichts »rechtes zu empfinden«. Er spürt sich weder vor der Tür noch wenn er sie zugemacht hat, noch beim Abschließen, noch wenn er schließlich im Hausflur davor steht. Alles ist so vage und unbefriedigend, dass er nicht das Gefühl hat, einen

Verhaltensabschnitt ordnungsgemäß absolviert zu haben, so dass das Leben organisch weitergehen kann.

Nehmen wir einen anderen Ablauf:

Frank steht in der Wohnung vor seiner Wohnungstür. Es ist Samstag, 14:30 Uhr. Er sieht sich die Tür an und bemerkt wieder den rissigen braunen Farbanstrich, der am unteren Teil fast ganz abgeblättert ist. Ich muss sie dringend streichen, wie so manches in der Wohnung, sagt er sich. Spätestens im Frühjahr werde ich mich daranmachen. Die Freundin hat versprochen, ihm dabei zu helfen. Das kann vielleicht ganz nett werden, trotz der Plackerei. Er wird jetzt die Wohnung verlassen, um zu ihr zu fahren. Gegen 15:15 Uhr wird er bei ihr sein und er freut sich darauf. Letzten Samstag war das Treffen etwas misslungen wegen des Streits über die nächsten Ferien. Heute werden wir alles Notwendige in Ruhe klären, nimmt er sich vor und auch, sie nicht ständig zu unterbrechen, um sich durchzusetzen. Er geht auf die Tür zu, legt die Hand auf die Klinke und öffnet sie mit einer beherzten Bewegung. Er hat seinen Feierabend mehr als verdient. Er hat seit 9 Uhr an der Vorbereitung seiner nächsten Klausur geschuftet und ist gut vorangekommen. Er ist stolz auf sich, aber auch froh, jetzt endlich aus dem Haus zu kommen. Die Sonne scheint und er freut sich auf den Spaziergang, den sie später machen werden. Nur raus hier! Er schließt die Tür, fast wirft er sie zu. Nun schließt er ab, 2-mal, rund und energisch. So, zu. Er nimmt die Stufen fast im Laufschritt. Draußen ist es hell, nicht wie in dem vergammelten Hausflur. Vor morgen früh muss er ihn nicht mehr sehen. (Hoffmann, 1998)

Versuchen Sie so häufig wie möglich, sich ganz bewusst in einen Zustand zu versetzen, bei dem Sie die Dinge draußen, aber auch das, was in Ihnen vorgeht, bewusst wahrnehmen. Dann führen Sie das, was zu tun ist, voll bewusst und zügig durch. Das Ergebnis wird sein, dass Sie viel weniger von Störungen in Form von Zwangsgedanken oder -befürchtungen heimgesucht werden und infolgedessen auch besser auf Zwangshandlungen verzichten können.

9. Lassen Sie andere Menschen möglichst aus Ihren Zwängen heraus.

In dem Maße, in dem Sie Ihren Zwang besser kennen lernen, die kritischen Situationen bewusster erleben und eine gewisse innere Distanz zu Ihren eigenen Gedanken erlangen, sollten Sie auch in der Lage sein, immer mehr die Verantwortung für die eigene (noch) zwanghafte Sicht der Welt übernehmen zu können.

Wenn ich in den Supermarkt einkaufen gehe, kommen mir die üblichen Gedanken über die mögliche Verunreinigung der Waren, sagen wir dieser Mineralwasserflaschen.

Dies ist einer meiner typischen Zwangsgedanken. Er sagt etwas darüber aus, dass ich noch an einem Zwang leide. Er sagt nichts aus über den Zustand der Welt, oder dieser Flasche. Wenn ich mich (im Zwang) verpflichtet fühle, die Flasche feucht abzuwischen, bevor sie ihren Platz in der Küche findet, so muss ich das verantworten. Das gibt mir nicht das Recht, dieselbe Prozedur von meiner Partnerin zu verlangen.

Sie ist nicht von einem Zwang betroffen. Sie erlebt die Welt anders, so wie die meisten Menschen, auch wenn mir tausend Gedanken kommen über eine mögliche Kontaminierung der Wohnung, so sind dies wiederum meine Gedanken. Meine Partnerin hat sie nicht. Ich habe nicht das Recht, sie nach meinen Gedanken funktionieren zu lassen, auch wenn es mir sehr schwer fällt.

Ich muss mich wirklich nicht schämen oder mir Vorwürfe machen. Ich veranstalte das alles ja nicht, um andere zu ärgern, zu kränken oder um ihnen das Leben schwer zu machen. Ich bin auch nicht bewusst darauf aus,

Macht über andere und ihr Leben zu gewinnen, obwohl so etwas durchaus dabei herauskommen kann. Aber ich habe andere aus meinen eigenen Problemen herauszulassen. Ich kann sie nicht ständig in den gestörten Teil meiner selbst mit einbeziehen. Das ist nicht länger tolerierbar und damit muss Schluss sein.

10. Durchbrechen Sie Ihre Isolation.

Von Zwängen Betroffene können sehr einsame Menschen sein, weil sie mit allen Mitteln bestrebt sind, ihre Zwänge vor anderen zu verbergen und einen »normalen« Eindruck zu machen.

Das ist nachvollziehbar, weil sie bei der Eigenart der Störung ja nicht unbedingt auf das Verständnis und die Anteilnahme anderer hoffen können. Darüber hinaus ist es schwer zuzugeben, dass sie für andere ganz harmlose Situationen Gefühle und Gedanken haben, die anderen fremd sind. Niemand will es riskieren als Spinner oder gar als Verrückter abgestempelt zu werden.

Auch die Scheu, professionelle Hilfe in Anspruch zu nehmen, ist größer als bei anderen seelischen Problemen, weil Zwänge auch in Fachkreisen nicht so gut bekannt sind und es wenige echte Spezialisten dafür gibt.

Dennoch: Wenn Sie bislang versucht haben gegen Ihre Zwänge anzukämpfen und keine oder zu wenig Erfolge hatten, sollten Sie den mutigen Schritt unternehmen, aus Ihrer Isolation herauszutreten.

Sie müssen weder beichten noch einen Offenbarungseid leisten, aber Sie brauchen Hilfe.

Zuerst reden Sie mit Ihrem nächsten Partner und gestehen Sie Ihre Angst und Unsicherheiten. Daraus kann ein gemeinsamer Kampf gegen den Zwang werden, der allen weiterhilft.

Informieren Sie sich über Ihre Erkrankung und reden Sie mit Menschen, die sie gut kennen.

Es gibt einmal die Möglichkeit, einen kompetenten Facharzt oder einen Psychotherapeuten aufzusuchen und sei nur, um ein erstes Informationsgespräch zu führen.

Wenn Sie niemanden kennen, so wenden Sie sich an folgende Adresse:

Deutsche Gesellschaft
Zwangserkrankungen e.V.
Postfach 1545
49005 Osnabrück
Tel. 0541/4096633
Fax 0541/4096634

Sie vermittelt Ihnen die Namen und die Anschriften kompetenter Helfer in Ihrer Umgebung.

Die Deutsche Gesellschaft Zwangserkrankungen ist auch dabei, Selbsthilfegruppen für Zwangskranke in ganz Deutschland zu gründen. Auch darüber können Sie mehr erfahren.

In Gruppen von 5–8 Teilnehmern werden mit Hilfe von Experten wichtige Ziele bei der Überwindung von Zwängen angestrebt. Nach den ersten fünfzehn Sitzungen der Gruppen laufen sie längerfristig als reine Selbsthilfegruppe weiter und Experten greifen nur mehr ein, wenn es absolut nötig ist.

Wenn Sie zu stark an Ihren Zwängen leiden, wenn sie Ihr Leben gravierend behindern oder wenn Sie merken, dass Sie überhaupt nicht mehr damit fertig werden, dann sollten Sie eine gezielte Einzeltherapie, am besten eine Verhaltenstherapie, bei einem auf Zwänge spezialisierten Therapeuten in die Wege leiten.

Über eine solche Therapie möchte ich noch kurz berichten.

Doch zuerst noch ein paar Worte an die Angehörigen von Betroffenen.

Was Angehörige tun können

Nahe Kontaktpersonen von Betroffenen leiden unter einer Zwangssymtomatik nicht selten so stark wie diese, ja in einigen Fällen sogar mehr.

Das ist vor allem dann der Fall, wenn sie in den Zwang mit einbezogen sind, z.B. in dem Sinn, dass auch sie Vorsichts- und Reinigungsrituale ausführen sollen, z. B., damit die Wohnung nicht »verseucht« wird.

In fast allen Fällen müssen Partner oder andere Angehörige Rückversicherungen abgeben, da die Betroffenen selten in der Lage sind, sich selber innerlich so zu organisieren und zu steuern, dass sie mit gutem Gewissen Situationen abschließen können, ohne ständig von Selbstzweifeln geplagt zu werden.

So werden Angehörige oft zu einem ihnen sinnlos erscheinenden oder gar abstrusen Verhalten verleitet, oft geradezu gezwungen. Sie erleiden dadurch nicht selten Einschränkungen in ihrem eigenen Leben, die mit der Zeit und der Ausbreitung der Zwänge immer schwerer zu ertragen sind.

Ich möchte Ihnen als Angehörige hier vier Arten von Maßnahmen empfehlen, die in aller Interesse sind.

1. Schaffen Sie eine gemeinsame Gesprächsbasis.

Für den Fall, dass Sie vermuten, jemand aus Ihrer näheren Umgebung könne Probleme in dieser Richtung haben, so informieren Sie sich erst einmal über die Krankheit. Lesen Sie allgemein verständliche Literatur darüber, oder suchen Sie einen Gesprächspartner auf, mit dem Sie Ihre Vermutung fundiert besprechen können.

Das ist kein Verrat an Ihrem Partner oder Ihrer Partnerin, sondern ein Schritt in aller Interesse.

Melden Sie ihn oder sie nicht gleich zu einer Therapie an: Das wäre sinnlos und übereilt.

Wenn Sie sich ziemlich sicher sind, dass etwas in der Richtung vorliegt, dann suchen Sie in aller Ruhe ein klärendes Gespräch. Ihr Partner hat nicht mehr länger das Recht, seine Schwierigkeiten zu seiner Privatangelegenheit zu erklären, aufgrund ihrer Auswirkungen.

Fangen Sie das Gespräch an mit dem Satz:

Mir ist in letzer Zeit aufgefallen, dass du ...

Ich fürchte, du hast da ein Problem, und es ist dabei auch ein Problem für unsere Partnerschaft (oder für unsere Familie) zu werden ...

Du verlangst von mir, dass ich ...

Immer wenn ich dies oder jenes tu, reagierst du, indem du ...

Ich glaube es ist an der Zeit, dass wir darüber reden.

Verlangen Sie am Anfang keine lückenlose Beschreibung der Gesamtsymptomatik oder eine Art Kapitulationserklärung.

Begnügen Sie sich damit, die Basis für weitere gemeinsame Gespräche und für einen gemeinsamen Umgang mit den Schwierigkeiten zu legen.

Sollte die betroffene Person alles abstreiten, so lassen sie ihr Zeit. Sagen Sie bloß: Wenn du nicht gleich mehr mit mir darüber reden willst oder kannst, so ist das für mich in Ordnung. Aber ich bleibe bei meiner Angst, dass etwas nicht stimmt. Lass es dir durch den Kopf gehen.

Kommen Sie nach einiger Zeit wieder auf das Thema zurück, wenn nichts geschieht.

Auf diese Art helfen Sie der betroffenen Person, den völlig natürlichen Widerstand in Form von Scham oder von Peinlichkeit zu überwinden, der für fast alle typisch ist.

2. Maßnahmen im gemeinsamen Interesse

Die Zeit, bevor die betroffene Person offen mit Ihnen reden kann, und auch die erste Zeit danach stellen sicherlich schwere Momente für Sie dar. Es ist um so wichtiger, dass Sie trotzdem nicht den Kopf verlieren, nur mehr an die Störung denken und sozusagen alles durch die Brille des Zwanges sehen.

Auch bei einer schweren Störung reagiert Ihr Partner, Ihre Partnerin in vielen Lebensbeziehungen völlig normal. Versuchen Sie, das Gewicht so viel wie möglich darauf zu legen. Stellen Sie auf keinen Fall die ganze Beziehung in Frage, indem Sie meinen: Bis er oder sie gesund ist, müssen wir uns auf die Krankheit konzentrieren.

Im Gegenteil: Setzen Sie so oft wie möglich problemlose gemeinsame Aktivitäten in Gang. Helfen Sie der betroffenen Person, sich auf ihre Stärken und Interessen zu besinnen. Ihr gemeinsmes Leben darf nicht stehen bleiben. Je mehr passiert, bei dem der Zwang keine oder nur eine geringe Rolle spielt, desto besser ist es für alle, auch für die gemeinsame Zukunft.

3. Maßnahmen im Interesse der Betroffenen

Zuerst möchte ich angeben, womit Sie keinen Erfolg haben werden. Es ist sinnlos, durch Druck, durch moralische Appelle oder durch Appell an den gesunden Menschenverstand Betroffene von ihrem Zwang abbringen zu wollen. Sie sind auch nicht in der Lage, ihre Störung abzulegen, indem sie sich »bloß zusammenreißen«! Sagen Sie auch nicht: Bin ich es dir denn nicht wert!

Betroffene handeln so wie sie handeln nicht deshalb, weil andere ihnen nichts bedeuten, sondern weil sie krank sind.

Auf der anderen Seite muss der Betroffene unmissverständlich erfahren, dass Sie als gesunde Person seine Sicht der Dinge nicht teilen.

Lassen Sie sich auf keinen Fall in Diskussionen verwickeln über die Wahrscheinlichkeit, mit der ein Unglück eintreffen werde, wenn die betroffene Person ihre Zwangshandlung nicht ausführt. Seien Sie ganz ehrlich und sagen Sie einfach: Das ist für mich kein Thema. Setzen Sie klare Grenzen dort, wo der Betroffene von Ihnen verlangt, ein ähnliches Zwangsverhalten wie er auszuführen. Sagen Sie deutlich: Bis hierher und nicht weiter, auch wenn es daraufhin zu schweren Auseinandersetzungen kommt.

Die kranke Person muss mit der Wirklichkeit konfrontiert werden, damit sie die Motivation entwickelt, gegen ihre Zwänge, etwa mit therapeutischer Hilfe, anzukämpfen.

Holen Sie sich Hilfe durch Gespräche mit einer Fachperson oder im Kreise von Angehörigen von Betroffenen.

Sie drücken Ihre Zuneigung am besten dadurch aus, dass Sie die gesunden Teile Ihres Angehörigen weiterhin lieben, achten und respektieren, sich aber klar gegen die Störung stellen.

Informieren Sie ihn am Anfang über Möglichkeiten der Hilfe, machen Sie ihm Material zugängig usw.

Aber versuchen Sie ihn nicht zu überrennen, indem Sie ihn z.B. ohne sein Wissen irgendwo anmelden: Das würde zu nichts führen.

4. Maßnahmen im Interesse der Angehörigen

Niemand ist durch Liebe, guten Willen oder eigene Anstrengungen in der Lage, jemanden von seinem Zwang zu befreien. Suchen Sie weder in der Vergangenheit noch jetzt die Schuld bei sich. Die betroffene Person ist nicht krank geworden, weil Sie etwas falsch gemacht haben. Sie behält ihre Krankheit nicht, weil Sie aktuell etwas versäumen.

Sie können nicht die Rolle der Therapeuten übernehmen. Vergessen Sie Ihre eigenen Rechte und Bedürfnisse nicht. Auch wenn Ihr Partner krank geworden ist, helfen Sie ihm nicht dadurch, dass Sie sich permanent ins Aus stellen und auf alles verzichten, nur weil der Zwang anderer Meinung ist. Zeigen Sie dem Partner, dass Sie ein eigenständiger Mensch bleiben und dass Sie gerne bereit sind, wieder alles mit ihm zu teilen, wenn er etwas gegen seine Störung unternimmt.

Aber Sie müssen an der Stelle in seinem und in Ihrem Interesse sagen: Jetzt oder nie ist er dran.

Es gibt wirkungsvolle Hilfe für Zwangskranke. Es fällt ihnen nicht leicht, sie in Anspruch zu nehmen. Aber meistens haben sie keine andere vernünftige Wahl.

Psychotherapie

Zwangsstörungen sind seelische Erkrankungen, die nach wie vor viele Rätsel aufgeben. Sie treten auf der ganzen Welt auf, in ganz verschiedenen Kulturkreisen. Es gibt wissenschaftliche Belege dafür aus allen westlichen Ländern, aber auch aus Indien, Hongkong, Taiwan, Ägypten und Sri Lanka, unter anderem. Sie haben überall fast die gleichen Symptome. Man geht davon aus, dass in Deutschland etwa zwei Prozent der Gesamtbevölkerung von Zwangserkrankungen im engeren Sinne betroffen sind. Das ist sehr viel, bedenkt man, dass daneben zahlreiche Menschen an Zuständen leiden, die eine gewisse Ähnlichkeit damit haben. Nicht berücksichtigt sind bei dieser Berechnung Menschen, die die Struktur der zwanghaften Persönlichkeit aufweisen. Zwangskranke leiden typischerweise häufig zusätzlich an anderen seelischen Störungen wie Depressionen, Ängste anderer Art, Essproblemen und so weiter.

Die Erforschung der Ursachen ist heute so weit fortgeschritten, dass erste Angaben darüber möglich sind. Mit großer Wahrscheinlichkeit sind Zwangserkrankungen auf ein ganzes Bündel von Ursachen zurückzuführen. Es ist erwiesen, dass auch organische Faktoren eine Rolle spielen. Es gibt zumindest zeitweise eine Störung des Zusammenwirkens bestimmter Gehirnanteile und auch der Gehirnstoffwechsel ist im Laufe der Erkrankung verändert. Doch es handelt sich dabei nicht um eine irreversible Schädigung. Wir wissen mit Sicherheit, dass nach einer erfolgreichen Therapie diese Anomalien verschwinden. Das Mitwirken einer organischen Komponente bei Zwängen erklärt auch, warum bestimmte Medikamente zusammen mit Psychotherapie oft gute Dienste leisten und in einigen Fällen unerlässlich sind.

Unbestritten ist weiter folgendes: Ein biologischer Ansatz allein wird einer so komplexen Störung wie der Zwangserkrankung nicht gerecht. Mit Sicherheit spielen auch Einflüsse, denen die Kranken im Laufe ihres Lebens ausgesetzt waren, eine wichtige Rolle. Oft steht ein Elternteil Modell für extrem verunsichertes, ja ängstliches Verhalten. Das Kind übernimmt dann bestimmte Regeln oder Absicherungen, Schmutz zum Beispiel oder andere Gefahren betreffend. Eine besondere Rolle scheint auch starke Kontrolle oder harsche Kritik während der Erziehung in diesem Zusammenhang zu spielen. Haben die Eltern das Klima in diese Richtung geprägt, können später bei Belastungen starke Ängste vor eigenen Fehlern auftreten, die dann mit den Mitteln des Zwanges beschwichtigt werden. Wir haben das an einigen Beispielen deutlich gesehen.

Aber die Einsicht in solche Zusammenhänge allein bewirkt fast nie eine Besserung der Erkrankung. Das ist bedauerlich, aber ich muss es noch einmal sagen: Mit Betroffenen über ihre Zwänge zu reden, über ihre aktuelle Situation oder über ihre Kindheit, das allein bewirkt keine Heilung. Angehörige oder andere Kontaktpersonen, auch wenn sie es noch so gut meinen, sind nicht in der Lage, Kranke von ihren Zwängen zu befreien. Niemand soll sich als Versager fühlen, wenn es ihm nicht gelingt, seinen Partner oder sein Kind auf die Art zu heilen. Man soll es erst gar nicht versuchen.

Das bedeutet allerdings nicht, dass man sich deshalb selber den Regeln eines fremden Zwanges unterwerfen muss, um den Betroffenen das Leben leichter zu machen oder bloß um ständigem Ärger aus dem Weg zu gehen. Das wäre keine Hilfe, sondern eine stillschweigende Unterstützung des Zwanges. Hier müssen deutlich Grenzen gesetzt werden, im eigenen Interesse und in dem der Kranken.

Es gibt Möglichkeiten der Selbsthilfe bei Zwangskranken. Ich habe sie an anderer Stelle beschrieben. In vielen Fällen aber reichen sie nicht aus, und es muss professionelle Hilfe in Anspruch genommen werden.

Die Grundzüge eines wirkungsvollen therapeutischen Ansatzes will ich nun kurz beschreiben.

Die Verhaltenstherapie, die modernste Form der Psychotherapie, basiert auf wissenschaftlichen Aussagen der Psychologie. Sie versucht sie anzuwenden, um seelische Krankheiten zu heilen. Es geht dabei nicht bloß darum, »Verhalten« zu verändern, wie der Name es suggerieren könnte, sondern Verhaltenstherapie hat zum Ziel, Störungen samt ihrer Ursachen zu beseitigen. Im Falle von Zwangserkrankungen ist sie das Mittel der Wahl. Sie hat die besten Erfolge aufzuweisen, wenngleich es sich bei Zwangsstörungen um komplexe Zustände handelt, die oft seit vielen Jahren das Leben der Betroffenen beherrschen. Die Therapie kann somit relativ aufwendig werden. Ihr zugrunde liegen zwei wesentliche Prinzipien:

Das erste besagt, dass Störungen am ökonomischsten und am wirksamsten in dem Milieu behandelt werden können, in dem sie üblicherweise auftreten. Denken wir an unsere Beispiele. Die Kontrollen der Frau Wandt und die Ängste, die ihnen vorausgehen, treten vor allem in der Wohnung und auf der Straße auf. Herr Morten leidet an Zwangsvorstellungen, wenn er auf Kinder trifft und von der Angst überfallen wird, sie unabsichtlich zu schädigen. Petras mit Vaterigem verseuchte Sachen sind in ihrer Wohnung deponiert und Gisberts Feuerbrunstphantasien bevölkern vor allem die Bibliothek. In der Praxis eines Psychotherapeuten können sie lediglich darüber berichten und das, wie gesagt, reicht nicht. Manchmal lassen sich auch für die Patienten kritische Situationen beim Therapeuten direkt herstellen, wie das Anfassen von Türklinken oder das Aufheben von Gegenständen, die den Boden berührt haben. Doch es ist am besten, die Therapie so weit wie möglich in das natürliche Milieu des Patienten zu verlegen, dort wo die Probleme in ihrer ganzen Schärfe auftreten.

Das zweite Prinzip, das zur Anwendung kommt, ist eines der grundlegendsten des Lebens überhaupt. Bei wiederholter Konfrontation mit Gefahren, auch dann, wenn diese wie beim Zwangskranken durchaus subjektiv sind, mobilisiert der Mensch schon vorhandene innere Ressourcen und lernt neue dazu. Wenn die Bedingungen günstig sind, und dafür hat der Therapeut zu sorgen, schafft er es immer besser, mit seinen Ängsten umzugehen. Er gewöhnt sich schließlich an die kritische Situation. Er kann sich immer besser von den eigenen bedrohlichen Gedanken distanzieren und verspürt daher immer weniger Angst. Er hat in zunehmenden Maße das Gefühl, die Situation bewältigen zu können. Sie verliert dadurch langsam ihren bedrohlichen Charakter, und seine zwanghaften Reaktion lösen sich nach und nach auf. Der Umgang mit dem Leben normalisiert sich.

Damit dieser Prozess aber erfolgen kann, gibt es eine unabdingbare Bedingung. Wir haben bei Zwangsstörungen grundsätzlich zwischen der Angstseite und der Abwehrseite unterschieden. In der Therapie werden Patienten mit Situationen konfrontiert, die ihre Ängste, Befürchtungen und so weiter auslösen, allerdings auf eine Art, die sie nicht überfordert. Mit ihnen müssen sie sich auseinander setzen, aber ohne ihre übliche Abwehr dagegen in Form von Kontrollieren, Abwaschen, Annullieren und so weiter einzusetzen. Würden sie das tun, so würden sie ja immer wieder bloß ihre gesamte Zwangsstörung ausleben, und es könnte von Therapie und von Fortschritten keine Rede sein. Indem sie bewusst und freiwillig auf den »Gegenzauber« verzichten, lernen sie die Situation anders zu bewältigen. Das ist die Voraussetzung für eine Heilung.

Es ist normal, dass diese Strategie den Patienten oftmals befremdlich, ja bedrohlich vorkommt. Sie haben ja gelernt, bestimmte Situationen zu vermeiden, und wenn dies nicht möglich ist, sie zumindest mittels ihrer zwanghaften Abwehr zu »entschärfen«. Nun sollen sie sich bewusst stellen und dabei auch noch auf »ihre Maßnahmen« verzichten. Vor jeder Therapie muss ihnen die Vorgehensweise unbedingt plausibel gemacht werden. Man beruft sich dabei auf die zugrunde liegenden Prinzipien und auf praktische Erfahrungen, die seit einigen Jahren damit gemacht wurden. Die Hauptschwierigkeit der Therapie liegt darin, sie zu motivieren, zusammen mit dem Therapeuten diesen Weg einzuschlagen und ihn durchzustehen. Unter seinen behutsamen Leitung, auf dem Hintergrund seiner Erfahrungen und seines Verständnisses für ihre Unsicherheit sind die meisten Patienten in der Lage, diesen momentan einzigen Erfolg versprechenden Weg zu gehen.

Ich kann hier nicht auf sämtliche Aspekte einer solchen Therapie eingehen. (Siehe dazu: Hoffmann, 1998) Der

Patient wird während des gesamten Verlaufs einbezogen und entscheidet mit, wie vorgegangen wird. Er fühlt sich an keiner Stelle bevormundet oder allein gelassen.

Nun will ich einen kurzen Eindruck von dieser gemeinsamen Arbeit geben.

Mit Dagmar auf einem Bauernhof am Rande von Berlin. Kühe und Schafe sind auch da. Wir erinnern uns, Tetanus steht für sie jetzt im Vordergrund, aber im Grunde genommen ist es ein freier, angstloser Umgang mit der Welt, der neu gelernt werden muss. Zuerst mit mir zusammen, dann allein, und so, dass sie später leben kann wie andere auch. Wie machen es denn die anderen, hatte sie ziemlich am Anfang gefragt. Wir redeten viel darüber und sie war sehr erstaunt, fast ungläubig, als ich ihr beschrieb, wie andere, ich eingeschlossen, sich verhalten.

Nun sollte sie zuerst Menschen beobachten, die über Wiesen gehen, auf denen auch Tiere sind. Sie sehen so fröhlich aus, meinte sie. Kennen sie denn nicht die Gefahr? Wir redeten wieder einmal über Zwang und Wirklichkeit, wie so oft schon. Also auch zu Hause tun sie sich danach nicht schwer und starten keine stundenlangen Aktionen, sie schien es kaum zu glauben. Ob ich es auch lernen kann? Die Angst ist so groß.

Ich betrete die Wiese, sie zögert, kommt aber doch, etwas unruhig zwar, den Blick zur Erde gesenkt. Alles ist genau abgesprochen. Je weiter wir gehen, desto mehr steigt die Angst. Aber sie ist darauf eingestellt. Sie soll den Zwang bewusst erleben und sich dabei sagen: Das ist er, jetzt geht es los. Sie schildert mir ihr Empfinden. Das ist abgemacht. Aber ich beruhige oder tröste sie nicht, sie stellt sich dem Ganzen. Es tauchen Erinnerungen auf, an ihr Leben, manche schwere Stunde. Wir reden darüber. Nach einer halben Stunde wird sie etwas ruhiger, doch dann wieder der Gedanke: Ich könnte damit in Berührung kommen. Das ist so auf einer Wiese, meine ich.

Was ist zu Hause mit den Kleidern? Das werden wir zusammen angehen, bei den ersten Schritten zumindest. Ihre Angst hat sie jetzt einigermaßen im Griff. Nach einer Stunde verlassen wir die Wiese.

Die Hose, vor allem die Schuhe, sind ihr nicht geheuer. Wie sollte es auch anders sein. Sonst hätte sie ja keinen Zwang.

Wir fahren zu ihr nach Hause. Der Mann ist abwesend, weiß aber inzwischen über ihre Krankheit Bescheid.

Nun kommt ein schwieriger Teil. Sie wechselt Schuhe und Kleider. Die Sachen von der Wiese werden angesehen. Sie fasst die Schuhe an. Es war nicht leicht, das mit ihr abzusprechen. Sie dreht sie um, etwas Erde an den Sohlen, aber auszuhalten, das gibt sie zu. Aber die Angst ist da. Sie stellt die Schuhe, ohne sie abzuwischen, zu den anderen. Ab jetzt werden sie normal behandelt. Die Hose ist unauffällig, wird ausgeschüttelt. In der Wohnung! Dann in den Schrank gelegt, zu den »einwandfreien« Sachen. Welch eine Tat! Der Zwang dreht durch, aber Dagmar nicht. Sie beruhigt sich nach einer Viertelstunde.

So wird es eine Zeit lang weitergehen, auf der Wiese und anderswo, wo auch Gefahren lauern. Zuerst zusammen, dann sie allein. Die Erfahrungen, die Dagmar macht, müssen ausführlich mit ihr ausgewertet werden, damit das tägliche Leben langsam vom Zwang befreit wird. »Normales« Händewaschen ohne Zwangsrituale wird eingeübt und vieles andere mehr. Sie distanziert sich stärker von der Irrationalität ihres früheren Zwangsverhaltens und erfährt, dass sie leben kann wie andere auch. Gelegentlich taucht wieder ein Gedanke auf, und ein kurzer Schreck, aber sie lässt es nicht mehr so weit kommen. Sie hat andere Pläne. Nächsten Sommer, in Irland.

Frau Wandt soll die Wohnung verlassen. Sie ist nicht einsam, ich bin dabei. Wir üben, wie man ohne Zwang ganz einfache Sachverhalte beurteilt und wie man sich dann danach richtet. Vorher wurde abgesprochen, nach welchen Kriterien welche Entscheidungen zu treffen sind. Es scheint trivial, ist aber für Zwangskranke ganz wichtig. Wenn sie vor einem Wasserhahn steht und feststellt: Es läuft kein Wasser, so ist er in Ordnung. Ich sage es, sie dreht sich um und geht aus dem Zimmer. Nicht 10 Minuten hinstarren, nicht anfassen, nicht zudrehen, bis die Hand schmerzt. Nur so, wie abgemacht. Bei Zwangskranken muss so etwas richtiggehend geübt werden.

Mit Frau Wandt wurde abgesprochen, was sie sich anschaut, bevor wir die Wohnung verlassen. Zuerst macht sie sich wach, überwindet dieses »Ich-bin-ja-nicht-ganz-da-Gefühl«, das sie üblicherweise vor Kontrollen befällt und die ganze Zeit anhält. Sie stellt sich vor die Terrassentür. Der Hebel steht senkrecht, in Ordnung. Umdrehen, weg. Und so geht es weiter. Es ist fast wie beim Drill. Aber das ist nur am Anfang und für Übungszwecke gedacht. Wenn die Patientin anfängt, darüber zu schmunzeln, dann ist sie schon sehr weit. Wir gehen durch die Wohnung, alle Kontrollen einmal, knapp und nach demselben Schema. Es muss etwas geübt werden, was im Gehirn bislang so nicht klappte. Wir verlassen die Wohnung. Es war lediglich eine erste Übung. Die Patientin hat keinerlei Sorgen. Ich war ja dabei und sah hin. Wäre etwas nicht in Ordnung gewesen, hätte ich mich gemeldet. Ich habe die Verantwortung, kein Problem.

Das nächste Mal bleibe ich an der Haustür und sehe nicht hin. Sie macht es allein. Beim nächsten Mal bin ich erst gar nicht im Haus, sondern im Café am Ende der Straße. Sie kommt hin und wir sprechen dort. Es geht langsam besser, manchmal bleibt sie hängen, aber es geht voran. Dann arbeiten wir am Telefon. Sie ruft an, legt den Hörer daneben, macht ihren Rundgang, und wir besprechen die Ergebnisse. Keine Rede mehr davon, dass ich die Verantwortung trage. So geht es weiter, immer nach dem gleichen Prinzip. Zwanghafte Gedanken und Befürchtungen werden ausgelöst, und sie lernt sie zu überwinden ohne die zwanghaften Rituale wie ewiges Kontrollieren, Herumwerkeln an den Gegenständen und so weiter. Wir üben auch auf der Straße, im Laden, überall wo es erforderlich ist, und dann macht sie es alleine. Die Zwangsgedanken werden leiser und treten in den Hintergrund. Sie schafft es immer besser.

Herr Morten auf dem Kinderspielplatz, mit seinem kleinem Neffen. Es hat sehr viel Arbeit gekostet, ihn dazu zu bewegen. Er musste oftmals in der Vorstellung üben, bevor es so weit war. Viele andere Probleme, die er hatte, wurden besprochen, und wir suchten nach Lösungen. Sein Verantwortungsgefühl zum Beispiel, überzogen und undifferenziert, ganz große Unsicherheit an der Basis, die bis tief in die Kindheit hinein zu verfolgen ist, trotz Bonvivant-Gehabe. Aber nun ist er auf dem Kinderspielplatz, und die Gedanken rasen, aber er läuft nicht weg und lässt sie rasen.

Er hat sein prachtvolles Schweizer Armeemesser in der Tasche, tief vergraben. Der Neffe kommt ganz nah. Herr Morten zieht das Messer. Warum schälst du denn den Apfel, fragt der Neffe. Er wird es nie erfahren.

Gisbert Schwarz und der Vater. Hier konnte die Therapie nicht gleich bei den Zwangsgedanken beginnen. Er war zu verunsichert, zu ängstlich in Bezug auf das Leben, zu tief saßen die Schuldgefühle. Er musste erst in seiner Verzweiflung aufgefangen werden, und das nahm sehr viel Zeit in Anspruch. Er wäre überfordert gewesen, hätte man sich auf die Gedanken gestürzt. Auch viele gemeinsame Gespräche, zusammen mit den Eltern, waren nötig, um die Situation zu Hause zu entschärfen. Der Vater war sehr ernst, das hatte er nicht kommen sehen. In vielen Punkten blieb er bei seiner Meinung, bei einigen gab er nach und wurde doch etwas flexibler. Der Sohn fasste etwas Mut, begann über seine Gefühle zu berichten und über die Einsamkeit, die ihn oft am vollgedeckten Abendbrot-Tisch überfiel. Der Vater verurteilte ihn nicht und dachte etwas nach. Die Mutter unterstützte Gisbert sehr, sie hatte sich bislang kaum gekümmert, dachte sie doch, der Vater wird's richten. Es gab Veränderungen im Familienleben, keine Revolution, aber Veränderungen.

Gisbert litt noch an seinen Gedanken, aber er verstand ihre Dynamik besser und hatte mehr Distanz. Nach einem Vierteljahr äußerte er selber den Wunsch, sie anzugehen. Er las viel darüber und sein Mut wuchs noch ein wenig. Nun ging es darum, allmählich die Angst davor zu verlieren. Das geht nicht, wenn man davonläuft oder ständig mit dem zwanghaften Gegenzauber herumoperiert. Behutsam wurde er angeleitet, sich ihnen zu stellen, ja sie richtiggehend aufzusuchen. Das war nicht einfach und es gab manche Rückschläge.

Aber eines Tages trat er vor den Vater und sagte: »Ich habe dir heute mindestens sechsmal die Bude angezündet.« Der sagte bloß: »Da wird dein Hoffmann sich aber freuen.«

Vielleicht klingt alles, was ich beschreibe zu glatt, doch so ist es nicht gemeint. Therapien mit Zwangskranken sind schwierig, dauern oft lange, ein bis zwei Jahre manchmal. Es gibt Misserfolge aus den verschiedensten Gründen. Aber es gibt heute eine Möglichkeit, die sich oft bewährt hat. Darüber gibt es wissenschaftliche Daten. Diese Therapien sind komplizierter, als ich es hier darstellen kann. Sie zielen nicht nur auf die Zwangssymptomatik ab, sondern auch auf deren Ursachen, im Menschen wie außerhalb. Oft hat der Zwang auch eine Funktion. Er stellt eine Art Schutz für den Betroffenen dar. Er ist dann sehr behutsam zu behandeln, und andere Probleme stehen zeitweilig im Vordergrund.

Wie gesagt es ist nicht einfach, aber man kann etwas machen.

Ich habe in diesem Buch viel Elend beschrieben, konnte aber auch den Betroffenen mit Recht Hoffnung machen. Enden möchte ich mit einer Geschichte, die mir sehr am Herzen liegt und die mir oft über Schwierigkeiten hinweghilft.

Dr. Memm, ein erfolgreicher und sehr engagierter Arzt, traut sich seit einem halben Jahr nicht mehr in die eigene Praxis. Er lässt sich vertreten und bringt immer neue Ausreden vor. Keiner weiß so recht, was mit ihm los ist.

Dr. Memm hat panische Angst davor, irgendwelche, sein Kabinett betretende Patienten anzusprechen mit den Worten:

Donnerwetter, Donnerwetter, Bonifazius Kiesewetter.

Er saß einmal am späten Abend nach der Arbeit, fast eingeschlafen, vor dem Fernseher. Frau und Kinder hatten sich vorläufig von ihm getrennt. Es kriselte damals sehr in der Ehe und auch sonst fühlte Memm sich unwohl, überfordert und lustlos.

Im Spätprogramm wurde ein Film angekündigt, ein blödsinniges Machwerk: Donnerwetter, Donnerwetter, Bonifazius Kiesewetter. Der Doktor ließ ihn eine Zeit lang über sich ergehen, da kam plötzlich der Gedanke: Wenn sie (die Patienten) mich morgen zu sehr nerven, dann sage ich einfach, Donnerwetter, Donnerwetter, Bonifazius Kiesewetter, dann bin ich sie los. Irgendwann ging er ins Bett.

Am anderen Morgen war nichts. In der Praxis bereitete er sich für die Arbeit vor. Er sah sich die bereitliegenden Krankenakten an und bemerkte, dass Herr Schneck der erste Patient war. Ein unangenehmer Zeitgenosse, dachte

Memm, kerngesund, aber stets unzufrieden, beschwert sich immer, dass er zu kurz kommt, arrogant bis zum geht nicht mehr. Da traf ihn der Gedanke, ich könnte ja ... Daraus wurde: ich muss das einfach sagen. Er erschrak sehr, wir kennen den Ablauf. Er wurde sehr unruhig, quälte sich mit Schneck über die Runden. Aber der sollte noch zweimal am selben Tag wiederkommen wegen eines Zuckerbelastungstests. Normalerweise erledigt das die Sprechstundenhilfe, aber Dr. Memm wurde den Gedanken nicht los, wenn er mir über den Weg läuft, rutscht es mir raus. Er wurde im Lauf des Tages geradezu ängstlich, dann ärgerte er sich wieder über den Blödsinn.

Der Zwangsgedanke machte seinen Weg. Memm bekam nun Angst auch wegen der anderen Patienten. Jede neue Begrüßung wurde zum Albtraum. Am Abend war er ganz erschöpft. Er rief einen Kollegen an und ließ sich bis zum Wochenende vertreten. Ich mache es kurz. Aus den paar Tagen wurde ein halbes Jahr. Der Gedanke ließ ihn nicht mehr los. Schließlich suchte er mich auf.

Wir haben an vielen Problemen gearbeitet und dann auch an dem Zwangsgedanken. Er musste und wollte ja schließlich irgendwann wieder zu seiner Arbeit, die er sehr liebte.

Den Anfang machte er in der Praxis eines Freundes, weil ihm das weniger gefährlich erschien. Es war schwer, aber er hielt durch. Erst begann er wieder stundenweise bei sich selber zu arbeiten, dann voll. Die Angst nahm allmählich ab, ging aber nicht ganz weg, und so beschlossen wir, sie richtig herauszufordern.

Vor jedem Patienten sollte er eine Münze werfen. Fiel Adler, so begrüßte er den Patienten ganz normal. Schön Sie zu sehen, Frau Sowieso, was kann ich für Sie tun? Bei Kopf sollte er feststellen: »Donnerwetter, Donnerwetter, Sie sehen aber gut aus«, und dann normal weitermachen. Das war für ihn der Inbegriff des Wagemutes. Es ging einigermaßen gut.

Am dritten Tag fiel wieder bei einem Patienten Kopf und Dr. Memm sagte seinen Spruch auf. Doch der Patient war entsetzt: »Herr Doktor, wie können Sie so etwas sagen. Ich bin schrecklich erkältet, habe hohes Fieber und Schüttelfrost . . . !«

Dr. Memm zögerte einen Augenblick. Dann sah er den anderen ganz fest an, lächelte und sagte: »Ist ja auch kein Wunder. Bei dem Miesewetter.«

Literatur

Burger, Hermann: Brenner. Suhrkamp Frankfurt/Main, 1989

Camus, Albert: Der Mythos von Sisyphos. Rowohlt, Reinbek, 1956

Cioran, Emile M.: Lehre vom Zerfall. Klett-Cotta, Stuttgart, 1979

Enzensberger, Christian: Größerer Versuch über den Schmutz. Ullstein, Frankfurt/Main – Berlin – Wien, 1980

Hoffmann, Nicolas: Wenn Zwänge das Leben einengen. Pal, Mannheim, 7. Aufl. 1999

Hoffmann, Nicolas: Verhaltenstherapie und Kognitive Verfahren. Pal, Mannheim, 1990

Hoffmann, Nicolas: Zwänge und Depressionen. Pierre Janet und die Verhaltenstherapie. Springer, Berlin – Heidelberg – New York, 1998

Hoffmann, Nicolas und Weiß, Ellen: Ein Zwang. Hans Huber, Bern – Stuttgart, Wien, 1983 (vergriffen)

Horstmann, Ulrich: Das Untier. Konturen einer Philosophie der Menschenflucht. Medusa, Wien – Berlin, 1983

Kafka, Franz: Er. Suhrkamp, Frankfurt/Main, 1984

Loyola, Ignatius von: Geistliche Übungen. Herder, Freiburg, 1967

Overbye, Dennis: Das Echo des Urknalls. Kernfragen der modernen Kosmologie. Droemer-Knaur, München, 1991

Pewzner, Evelyne: L'homme coupable. Editions Privat, Toulouse Cedex, 1992

Pfeiffer, Gerhard: Das Gewissen in geistesgeschichtlicher Sicht. Rita Dadder, Saarbrücken-Scheidt, 1990

Tellenbach, Hubertus: Melancholie. Springer, Berlin – Heidelberg – New York, 1974

Pato, Michele Tortora und Zohar, Joseph (Hrsg.): Current treatments of obsessive-compulsive disorder. American Psychiatric Press, Washington DC – London, 1991

Thomas, Louis-Vincent: Rites de mort. Librairie Arthème Fayard, Paris, 1985

Die Gedanken, Methoden und Anregungen in diesem Buch stellen die Meinung beziehungsweise Erfahrung des Verfassers dar. Sie wurden vom Autor nach bestem Wissen erstellt und mit größtmöglicher Sorgfalt überprüft. Sie bieten keinesfalls Ersatz für kompetenten medizinischen Rat. Jede Leserin, jeder Leser sollte für das eigene Tun und Lassen auch weiterhin selbst verantwortlich sein. Daher erfolgen Angaben in diesem Buch ohne jegliche Gewährleistung oder Garantie des Verlags oder des Autors. Eine Haftung des Verlags oder des Autors für etwaige Personen-, Sach- und Vermögensschäden ist ausgeschlossen, es sei denn im Falle grober Fahrlässigkeit.

2 3 4 5 03 02 01 00

Erweiterte Ausgabe des erstmals 1994
erschienenen Titels »Seele im Korsett«

Ein Unternehmen der Dornier Medienholding
Umschlaggestaltung: Atelier Reichert, Stuttgart
Umschlagillustration: Rainer Simon, Böblingen
Gesamtherstellung: Ebner Ulm
Die Schreibweise entspricht den Regeln der
neuen Rechtschreibung.

ISBN 3 268 00231 5